군주론

옮긴이 신동운

서울대학교 '학풍'이라는 동아리에서 《TIME》지 해설 강의를 맡아 전 서울대학교 내에 시사 영어 열풍을 일으켰던 신화적인 인물이다. 최근에는 동양의 고전과 서양의 대표적 사상가들을 결합하여 세상을 살아가는 지혜를 쉽게 전달하고자 하며, 동양 고전이 새롭게 읽힐 수 있도록 노력하고 있다.

영어 관련 저서 및 역서로 『신동운 영어강의록』 『영어의연구』 『영어뇌 만들기』 『삼위일체 영어 캠프』 『40대가 다시 읽는 청춘 영시』 등이 있고, 일본 관련 역서로 『유쾌하게 사는 여성』 등이 있다. 인문서로는 『동물농장』 『햄릿』 『군주론』 『하멜표류기』 『손자병법 삼십육계』 『365일 촌철살인의 지혜 ─ 고사성어』 『365일 보편타당한 지혜 ─ 사서오경』 『링컨의 기도』 『상상력의 마법』 등을 짓고 편역했다.

군주론 결정적 리더십의 교과서, 책 읽어드립니다

초판 1쇄 발행   2020년 5월 20일
초판 5쇄 발행   2022년 1월 3일

지은이   니콜로 마키아벨리
옮긴이   신동운
펴낸이   김상철
발행처   스타북스
등록번호   제300-2006-00104호
주소   서울시 종로구 종로 19 르메이에르종로타운 B동 920호
전화   02) 735-1312
팩스   02) 735-5501
이메일   starbooks22@naver.com
ISBN   979-11-5795-527-5 03340

군주론

IL PRINCIPE

니콜로 마키아벨리
NICCOLÒ MACHIAVELLI

신동운 옮김

스타북스

뱀처럼 슬기롭고 비둘기처럼 순박하라

〈요즘책방, 책 읽어드립니다〉의 세 번째 작품으로 선정된 『군주론』은 세상에서 흔히 생각하듯이 희귀한 내용이 담긴 저서가 아니며, 권모술수의 경전은 더더욱 아니다. 이 책의 특징은 어디까지나 현실에 입각하여 통치자의 도리를 설파한 정치철학이라는 데 있다. 마키아벨리의 다음과 같은 말이 그 사실을 잘 입증해 주고 있다.

새로 주권을 잡은 군주는 세상 사람들이 좋아하는 선행을 다 이행할 수 없는 법이다. 나라를 지켜 나가기 위해서는 신의, 자비, 동정, 신뢰 등과 정반대되는 일을 해야 할 경우가 자주 있다.

이 말은 오늘날에도 그대로 들어맞는다. 얼마나 사물을 솔직하게 간파하는 말인가? 마키아벨리는 자기주장을 그럴듯하게 감싸서, 상대는 물론 자기 자신까지도 기만하는 일을 무엇보다도 싫어한다. 그는 한 걸음 더 나아가서 이렇게 외친다.

우리는 상호 경쟁에 두 가지 방법이 있다는 것을 알아야 한다. 첫째는 지혜에 의한 방법이고, 둘째는 힘에 의한 방법이다. 전자는 인간 본래의 것이고 후자는 짐승에 속한 것이다. 그러나 첫째의 방법만으로는 불충분하므로 둘째의 방법에 의존할 경우가 있다. 군주가 짐승의 방법을 취하지 않을 수 없을 경우에는 여우와 사자를 택해야 한다. 사자는 함정에 대하여 속수무책이며 여우는 늑대에 대하여 손을 들게 마련이다. 그러므로 함정을 알아차리기 위해서는 여우가 되고, 늑대를 쫓아 버리기 위해서는 사자가 되어야 한다.

이 말은 마키아벨리다운 솔직한 표현으로 진실의 일면을 대변하고 있다고 생각된다. 하긴 성경에도 '뱀처럼 슬기롭고 비둘기처럼 순박하라'는 말이 있다. 그러고 보면 『군주론』은 당연한 이야기를 거리낌 없이 기록한 데 지나지 않는다.

여기서 마키아벨리가 이 책을 쓴 당시의 시대적 배경에 대해 잠깐 들여다볼 필요가 있다. 그 무렵 이탈리아는 국내의 수많은 도시와 남부의 나폴리 왕국 및 교황청 등으로 분리되어 세력 확장에 혈안이 되어 있었기에, 국정이 매우 어지러웠다. 그러다 메디치가에 의해 간신히 세력의 균형이 유지되어 왔으나 로렌초가 죽은 뒤로는 로마, 피렌체, 밀라노, 나폴리, 베네치아 등 대도시가 각각 득세하여 주위의 소도시를 자신들의 산하에 흡수해서 아귀다툼이 연일 그치지 않았으며 여기에 외세까지 손을 뻗쳐 큰 혼란을 빚고 있었다.

그러자 정치, 군사, 역사에 일가견을 지닌 마키아벨리는 이탈리아의 단합과 평화를 위해 동분서주했는데 『군주론』은 그때의 소산 중 하나이다.

『군주론』은 총 26장으로 구성되어 있다. 1장~2장은 군주국가의 종류에 대해, 12장~14장은 군주가 가져야할 요소에 대해, 15장~23장은 군주가 갖춰야할 덕목에 대해, 그리고 마지막으로 24장~26장은 군주가 운명에 어떻게 대처해야 할 것인가에 대해 기술하고 있다.

니콜로 마키아벨리는 1469년 5월 3일 이탈리아의 피렌체에서 태어나 어려서부터 라틴어와 인문학을 공부했다. 그는 아버지의 영향으로 비록 대학을 다니지는 못했지만 인문학 공부를 통해 뛰어난 실력을 갖추고 정치·외교 분야에서 많은 활약을 했다. 그는 약 15년간 피렌체의 고위 공직자로 있으면서 특히 외교 업무에 큰 재능을 보였다. 또한 외교를 위해 여러 나라를 돌아보면서 자주국방의 중요성을 피력했다.

하지만 그 이후 말년까지는 비참한 시기를 보내야 했다. 피렌체 공화국의 정권이 엎치락뒤치락하는 과정 속에서 메디치가의 참주정은 물론 공화정에서도 배제당해야 했다. 마키아벨리 스스로 '운명의 힘을 절대 무시하면 안 된다'고 말했듯이 운명에 의해 그의 세속적인 영광은 제대로 배제되었다. 그렇지만 아이러니하게도 그와 같은 시간을 견디어 내며 자신의 사상을 정립하고 저술함으로써 후대의 정치사상에 지대한 영향을 끼치게 된 저작들을 남길 수 있었다.

그중 『군주론』은 1513년에 집필했는데, 정부에서는 이 책이 발간되자마자 소위 불온서적이라고 하여 즉시 불살라 버릴 정도였다. 마키아벨리가 쓴 책 모두가 판매금지 처분을 받았으니 그의 절망의 깊이가 조금은 가늠이 될 것이다. 『군주론』서문에 실린 로렌초 메디치에게 전하는 글에도 불우한 자신의 처지를 개탄하며 다시금 관직에 복귀하여 자신의 뜻을 펼쳐 보고 싶은 심경을 은연중에 토로하고 있다.

마키아벨리는 1527년 한 많은 생애를 마쳤고, 『군주론』이 햇빛을 본 것은 그가 세상을 떠난 지 5년 뒤인 1532년의 일이었다.

'책 읽어주는 남자' 설민석 선생은 『군주론』에 대해 이렇게 말했다.

운명은 어찌할 수 없지만 운명을 내 편으로 만들기 위해서는 내 안에 인색함을 갖추고 상대에게 두려움을 주고 약속을 지키지 않을 정도의 과단성과 임기응변, 그리고 진정한 선을 이루기 위해 악행도 서슴지 않을 용기를 가진다면 행운의 여신은 당신에게 미소를 지을 것이다.

차례

니콜로 마키아벨리가
위대한 로렌초 메디치[01] 전하께
드리는 편지[02]

대체로 군주의 총애를 받으려면 군주가 가장 소중하게 여기는 물건이나 반가워할 만한 것을 들고 가서 뵙고자 합니다. 각기 그 지위에 따라서 말馬이나 무기 혹은 피륙, 보석 등을 헌납한다는 것은 흔히 있는 일입니다.

저도 전하에게 제가 지니고 있는 것 중에서 가장 아끼는 것을 바쳐 충성의 징표로 삼고자 합니다. 제가 소중히 여기는 것이라고는 근래에 일어나고 있는 사건들을 오랜 경험에 의하여 깨닫고, 옛것에 관한

---

01 로렌초 디피에로 데메디치(Lorenzo di Piero de' Medici, 1492~1519)는 15세기 메디치가의 전성기를 이끌며 '위대한 자'라는 뜻의 '일 마그니피코(Il Magnifico)'라 불린 로렌초 데메디치(1449~1492)의 손자이다.

02 이 글은 본문 제26장과 함께 1516년경에 쓰여진 것으로 보인다. 『군주론』은 1513년 7월에서 12월 사이 어느 산장에서 쓴 것으로 전해진다.

연구를 거듭하여 비로소 알게 된 위대한 선현들의 업적에 대한 지식 밖에는 없습니다. 그래서 저는 오랫동안 세밀히 검토하고 심사숙고한 끝에 그것을 작은 한 권의 책으로 만들어 전하께 바치고자 합니다.

비록 보잘것없지만 저로서는 오랜 세월을 두고 온갖 고난과 위험을 겪으며 터득하게 된 제 마음의 소득을 짧은 시일 내에 이해하실 수 있도록 하는 것 이상으로 좋은 선물은 없다고 생각했습니다. 인자하신 전하께서 관용을 베푸시어 기꺼이 받아주기를 바랄 뿐입니다.

세상 사람들은 그 내용을 설명하는 데 미사여구를 늘어놓아, 곧잘 겉만 화려하게 수식하지만, 저는 그런 수법을 쓰지 않았습니다. 저는 이 책으로 명성을 얻으려 하지 않기 때문입니다. 오직 여기 서술한 내용은 진실하고 중요하다는 점이 전하께 받아들여지기를 바랄 뿐입니다. 저처럼 미천한 사람이 감히 군주의 정치를 논평하거나 규정하려 하는 것을 주제넘은 짓이라고 생각하실지 모르겠습니다만, 속단은 하지 마시기 바랍니다. 지적도를 그리려면 누구든지 먼저 산봉우리의 특징을 알아보기 위해 평지에서 몸을 굽혀 보기도 하고, 평지를 알기 위해 산봉우리에 오르기도 합니다. 마찬가지로 민심을 살피려면 모름지기 군주의 입장에 서야 하며, 군주의 마음을 헤아리려면 백성의 위치에 있어 보아야 합니다.

그러므로 전하께서는 비록 보잘것없는 책이지만 저의 심정을 헤아리고 살피시어 받아 주십시오. 그리고 이를 숙독하시어 그 진의를 음미하신다면, 일찍이 운명의 여신과 전하의 재능이 약속한대로 저 위대한 경지에 도달하실 것이며 그것이 저의 충정임을 아시게 될 것입니다. 또한 훗날 전하께서 그 영광의 절정에서 낮은 곳으로 눈길을 돌려주신다면, 거기에서 운명의 희롱을 받고 있는 저를 발견하게 되실 줄 믿습니다.

제1장

국가의 종류 및
그 획득 방법들

옛날부터 인류를 다스려 온 국가나 연방은 모두가 공화국이거나 군주국이었습니다. 군주국에는 두 가지가 있는데 하나는 군주의 자손이 뒤를 이어 통치하는 세습 국가이며, 다른 하나는 새로 왕국을 건설하는 경우입니다.

　새로운 군주국은 밀라노의 프란체스코 스포르차[03]에게서 보는 바와 같이 참신하거나, 그렇지 않으면 나폴리의 이스파니아 왕국[04]처럼 정복에 의하여 세습 군주 국가에 병합된 것입니다. 이런 방법으로 얻게 된 영토는 한 통치자에게 귀속되거나, 아니면 자유를 누리게 마련입니다. 그리고 그 영토를 통치하기 위해서는 군주 자신의 병력이나

03　프란체스코 스포르차(Francesco Sforza) : 16세에 군에 들어가 24세인 1424년 아버지의 뒤를 이어 장군이 되었다. 밀라노의 공주와 결혼하고 밀라노의 위임을 받아 베네치아와 싸워 승리한 뒤 밀라노의 군주가 되었다(1401~1446).

04　이스파니아(에스파냐의 옛 이름) 왕 페르난도 일 가토리코(Ferdinando il Cattolico)는 1501년 나폴리, 1504년 시칠리아를 점령하여 병합했다.

다른 병력에 의존해야 하지만 요행이나 실력으로 이루게 되는 경우도 있습니다.

제2장

세습 군주 국가에 대하여

공화국에 관해서는 다른 곳[05]에서 상세히 서술했으므로 여기서는 언급하지 않고 군주 국가에 대해서만 논하려고 합니다. 또 군주 국가는 어떻게 통치되고 존속되는가에 대해서도 서술하려고 합니다.

세습 국가, 즉 대대로 군주의 혈통을 이어받는 나라를 유지하는 일은 신흥국가 유지에 수반되는 어려움에 비하면 훨씬 적게 마련입니다. 왜냐하면 세습 군주는 오직 선왕이 남겨 놓은 관습에 위배되는 일 없이 유사시에만 적절한 조치를 취하면 되기 때문입니다. 그러므로 세습 군주는 아무리 범용凡庸(평범하고 변변하지 못하다)하더라도, 강대하고 비상한 세력이 약탈을 하지 않는 이상 웬만큼 근면하기만 하면 그 국가를 유지할 수 있습니다. 비록 나라를 빼앗겼다 하더라도 그 약탈자가 곤경에 처하면 반드시 나라를 되찾을 수 있습니다.

---

05 특히 『티투스 리비우스의 로마사에 대한 논고』 제1권.

이를테면 이탈리아 페라라 공[06]의 경우가 그렇습니다. 그가 1484년에 베네치아인의 공격을 막아 내고 1510년 율리우스 교황의 침략을 능히 대적할 수 있었던 까닭은, 그가 대대로 왕가를 세습한 혈통이었다는 데 있습니다. 그러므로 세습 군주는 백성을 박해할 일도 없거니와 그럴 필요도 없습니다. 그가 자연히 백성의 사랑을 받는 것도 당연합니다. 더욱이 주권이 옛날부터 내려올 경우에는 혁명에 대한 쓰라린 경험이나 동기도 없어집니다. 한번 변혁이 일어나면 다음 세대에게도 혁명의 길을 마련할 여지를 남겨 주는 법입니다.

---

06 이탈리아 북부 페라라의 에르콜레 1세 데스테(Ercole I d'Este)를 말한다. 그는 영토를 넓히기 위해 베네치아에 도전했다가 2년 뒤 화해했지만 나중에 침범을 당했다.

제3장
복합 군주 국가에 대하여

그러나 새로 장악한 군주 국가에는 수많은 곤란이 가로놓여 있습니다. 첫째로 그 나라가 신생 군주국이 아니라, 한마디로 혼합형이라고 할 수 있는 국가의 일부분에 해당되는 경우에는, 모든 신생 국가에 따르게 마련인 고유의 어려움으로 인하여 변혁이 일어납니다. 그것은 민중의 보다 나은 삶을 위해 현 상태를 타파하려면 군주를 바꾸어야 한다고 생각하게 됨으로써, 군주에게 반항하여 무기를 들고 나서기 때문입니다.

　그러나 나중에는 그들의 견해가 잘못되어서 나라의 상태가 전보다도 더 악화되었다는 사실을 깨닫게 됩니다. 이것은 일반적으로 불가피한 자연 현상입니다. 즉 새로 군주가 된 사람은 그 패권에 수반되는 병역을 비롯한 그 밖의 여러 가지 박해를 가하여 그 민중을 언제나 혹사해야 하는 입장에 있기 때문입니다.

　따라서 통치권을 얻을 동안 그 군주에게 피해를 입은 자는 모두 적이 되게 마련이며, 일찍이 그 군주에게 협력해 오던 사람까지도 그들이 기대했던 만큼의 소득이 없을 경우에는 불만을 갖게 되므로 군주는 이들과도 함께 일할 수 없게 됩니다. 그러나 그들의 도움을 받아 주권을 얻은 이상 그들에게 강권을 휘두를 수도 없는 일입니다. 그렇기에 자기의 병력이 아무리 강하더라도 어느 지방을 침공하려면, 그 지방 주민들의 환심을 사도록 해야 합니다. 그와 같은 이유로 프랑스의 루이 12세는 손쉽게 밀라노를 점령했지만 곧 그것을 잃고 말았습니다.[07] 그러나 루도비코 Ludovico 는 자기의 군대만으로도 무난히 프랑스 왕을 쫓아내었습니다. 이는 프랑스 왕에게 성문을 열어 준 백성들이 그들의 기대에 어긋나게 되자, 새 군주에 대한 반감을 참을 수 없는 데서 비롯된 현상입니다.

하지만 일단 백성이 배반하여 궐기했던 영토를 군주가 되찾게 되면, 군주가 그 영토를 또다시 손쉽게 잃는 일은 없습니다. 군주는 지난날의 반란을 거울삼아 가차 없이 반역자를 처단하고 혐의자를 색출하여 자신의 안정을 도모하고, 자신의 불리한 조건 밑에서 더 무시무시한 강자로 군림하게 됩니다. 그러므로 루도비코 공이 밀라노를 탈환할 때는 프랑스의 변경을 침공하는 것으로 충분했지만, 후에 프랑스

---

07 루이 12세는 베네치아와 동맹을 체결한 1499년 군대를 보내 밀라노를 점령했는데, 밀라노의 3분의 1이 베네치아 차지가 되었다. 그러자 이에 반대한 밀라노인들이 새 영주를 몰아내고 독일에 망명해 있던 영주 루도비코를 귀국토록 해 옛 영토를 회복했다.

가 루도비코 공에게서 밀라노를 도로 빼앗을 때는 전 세계[08]를 상대로 싸워야 했습니다. 프랑스 왕은 드디어 싸움에 패배하여 이탈리아에서 추방당하는 처지가 되었는데, 이것은 위에서 말한 이유에서 납득이 가는 일입니다.

프랑스 왕은 첫 번째와 마찬가지로 두 번째에도 밀라노에서 추방당했습니다. 그 첫 번째의 일반적인 이유는 이미 논했기에, 지금부터 두 번째 이유에 대해 서술하려고 합니다. 당시에 프랑스 왕이 취한 태도와, 만일 다른 사람이 왕의 처지에 놓여 있었다면 일단 손에 넣은 영토를 어떻게 해야 보다 성공적으로 유지할 수 있는가에 대하여 서술하려 합니다.

남의 나라를 정복하여 본국과 병합된 모든 영토를 살펴보면, 정복한 나라와 정복당한 나라가 같은 지역에서 똑같은 언어를 사용하기도 하고 동일한 지역 안에서 다른 언어를 사용하기도 합니다. 같은 말을 쓸 경우에는 영토를 보유해 나가기가 쉽고, 그들이 자치의 경험에 익숙하지 못할 경우에는 더욱 그러합니다. 그리고 이 영토를 보다 견고하게 유지하려면 이전 영주의 혈통을 끊어 버리면 됩니다. 그리하여 현상 유지가 될 경우에는 관습이 같기 때문에 평화를 유지하기가 쉽습니다. 예를 들면 부르고뉴, 브르타뉴, 가스코뉴, 노르망디 등지에서

---

08 율리우스 2세는 프랑스 및 스페인의 외세를 몰아내기 위해 신성동맹을 맺어 대항했다.

찾아볼 수 있는 것처럼 그러한 지역은 오랫동안 프랑스에 예속되어 있었으므로 다소의 언어 차이가 있더라도 관습이 같아서 손쉽게 융화될 수 있었습니다.

그러므로 그 영토를 유지해 나가고 싶다면 다음의 두 가지 사항에 유의해야 합니다. 첫째로는 이전 영주의 혈통을 끊어 버리고, 둘째로는 본래의 법률이나 조세제도를 고치지 말아야 합니다. 그렇게 하면 통치자와 피정복자는 곧 일체가 될 수 있습니다.

손에 넣은 영토의 주민들이 언어, 풍습, 법률이 다를 경우에는 유지하는 데 어려움이 많아 막대한 노력과 행운의 도움을 받아야 합니다. 가장 효과적인 방법은 정복자 자신이 그 지역으로 이주하는 것입니다. 그 방법이 영토를 확보하는 최고로 안전한 길입니다. 튀르크가 그리스에 대해 그와 같은 방법[09]을 썼습니다. 만일 튀르크 왕이 그리스로 이주하지 않았다면 온갖 수단을 동원해 이를 유지하려 애를 썼다 해도 그 나라를 계속해 다스려 나가지 못했을 것입니다. 왜냐하면 반란이 일어날 경우 정복자가 그 고장에 머물러 있으면 곧 발견하여 수습할 수 있지만, 그리스에 거주해 있지 않으면 아무리 사태의 위중함을 안다 해도 속수무책일 테니 말입니다.

또한 자기의 부하에게 그 영토를 빼앗겨서도 안 됩니다. 자고로 신

---

09   튀르크 왕은 그리스, 헝가리, 알바니아 등에 원정했다.

하된 자는 그 군주의 녹을 먹는 것으로 만족하기 마련이므로 자신의 행복을 위해 군주를 잘 받들게 마련이고, 그렇지 않다 하더라도 군주를 두려워하게 됩니다. 어떤 경우이든 군주 자신이 그 정복지에 머물러 있는 동안은 결코 쉽게 멸망하지 않으므로, 공격해 오려는 다른 나라는 신중을 기해야만 합니다.

다음으로 적절한 방법은 그 나라의 발판이 될 만한 몇몇 지역을 골라 이민을 시키거나 많은 군대를 주둔시켜야 합니다. 이민을 시키는 데는 국가 재원이 쓰이지 않습니다. 비용이 들더라도 아주 적은 돈을 들이고 이를 확보할 수 있습니다. 새로 온 이민자들에게 자기 집을 빼앗긴 일부 원주민들의 원망을 듣는 정도인데, 얼마 안 되는 일부 원주민들은 본래 빈궁하고 사방에 흩어져 있기 때문에 군주에게 해를 미치지 못합니다. 그 밖의 백성들은 별로 피해를 입지 않았기 때문에 곧 진정될 것이며, 한편으로는 약탈을 당한 사람들과 같은 처지가 되지 않을까 하는 두려움에 실수를 저지르지 않으려 할 것입니다. 요컨대 이와 같은 이민은 비용이 적게 들기도 하거니와, 보다 믿을 수 있고 장애도 적습니다. 그리고 앞에서 말한 바와 같이 피해를 당한 측은 가난하며 뿔뿔이 흩어져 있으므로 반항할 기력도 없습니다.

여기서 명심해야 할 점은 원주민들을 너그럽게 놓아 줄 것인가 아니면 철저히 탄압을 가할 것인가 여부입니다. 인간은 작은 피해에 대해서는 복수를 하지만 막대한 피해에 대해서는 복수할 수 없기 때문입니다. 인간에게 주는 피해는 그 복수를 두려워할 필요가 없을 정도로 가해야 합니다.

그런데 점령한 영토에 이민자 대신 군대를 주둔시킬 경우에는 그 나라 수입의 전부를 주둔시킨 군대에 소모해야 하기 때문에 막대한 손실을 보게 됩니다. 모처럼 손에 넣은 땅이 오히려 손실을 가져오게 될지도 모릅니다. 뿐만 아니라 주둔군의 이동으로 인해 생기는 손해는 정복을 당한 나라 전체에 영향을 미치기 때문에, 백성들은 이를 감당치 못해 결국은 모두 적이 되고 맙니다. 그들은 정복을 당하기는 했지만 여전히 자기 본토에 살고 있으므로 언제든 군주를 해치는 세력으로 나설 수 있습니다. 따라서 어느 모로 생각하나 이주민을 보내는 일이 효과적인 반면에 군대의 주둔은 불리하다는 결론이 나옵니다.

풍습이 다른 지역을 다스리는 이방인 군주는 이웃 약소국가의 영도자나 방위자가 되어 근처의 강대한 세력을 약화시켜, 어떤 경우에도 자기와 겨룰 만한 경쟁자가 그 지역 안에 발을 들여놓지 못하도록 조심하지 않으면 안 됩니다.

야심과 공포로 가득 찬 불평분자는 언제나 외부의 세력을 끌어들이려고 하는 법입니다. 로마인을 그리스에 끌어들인 아이톨리아인들의 경우가 그러합니다. 그 밖에도 로마인들이 침입한 모든 나라를 보면, 그들을 불러들인 것은 언제나 그 나라 원주민이었습니다.

이러한 경우 흔히 외부에서 어떤 강력한 세력이 침공해 오면, 주위의 약소국가들은 지금까지 자기들을 억압하고 있던 자에 대한 원한 때문에 순식간에 반발을 일으켜, 곧 침입자의 편을 들게 마련입니다. 그러므로 군주는 이 약소국가를 복속시키기 위해 분란을 일으켜서는 안 됩니다. 그러면 그 국가의 백성들은 자기들이 얻은 다른 나라의 지원자들에게 속히 병합되기를 원하기 때문입니다.

다만 군주는 그들에게 지나치게 큰 세력이나 권위를 갖지 못하도록 조심하면 됩니다. 이렇게 하면 군주 자신의 세력과 그들의 호의로 그 나라를 손쉽게 정복할 수 있으며, 동시에 그 지역을 완전히 손아귀에 넣을 수 있습니다. 그러나 변경을 잘 다스리지 못하면 이미 손에 넣었던 지역도 손쉽게 잃을 뿐 아니라, 비록 잃지 않는다 하더라도 많은 분쟁과 역경이 따르게 될 것입니다.

로마인들은 자신들이 정복한 지역에서 이와 같은 방법을 채택해 왔으므로 식민지를 만들고, 이웃 약소국가들을 회유하여 손을 잡는 동시에 그들의 세력이 커지지 못하도록 경계하고, 그중에서 강대해진 나라는 타도했습니다. 한편 그곳에서 우세한 외국인의 세력이 커지는 것을 허용하지 않았는데, 그리스가 그 좋은 본보기가 될 수 있습니다. 아카이아인과 아이톨리아인은 로마인과 우호관계를 맺고 마케도니아 왕국을 타도하여 안티오코스를 추방했습니다. 그러나 아카이아인이나 아이톨리아인은 그 공적으로 자신들의 세력을 전혀 확대할 수는 없었습니다. 또한 필리포스 2세가 자세를 굽히지 않고서는 아무리 열렬히 로마인을 설득시켜도 그들의 우방이 될 수 없었습니다. 뿐만 아니라 안티오코스의 영향력을 가지고서도 이 지역에서는 세력을 행사하지 못했습니다.

이렇게 로마는 지각 있는 군주라면 으레 취해야 할 조치를 취했습니다. 그들은 눈앞에 닥쳐 온 재난을 염려할 뿐 아니라 국가의 백년대계를 위해 재해를 막는 데 전력을 기울였던 것입니다. 어떤 징조가 보일 때 미리 손을 쓰면 재해를 막기가 쉽지만 위험에 직면할 때까지 기다리고 있다가는 시기를 놓쳐 손을 쓸 수 없기 때문입니다.

의사들이 소모열에 대해 말하는 바와 같이 초기에는 병명을 진단하기는 어려워도 치료가 쉽지만, 시간이 지나 병이 진행되면 진단을 내리기는 쉬워도 치료하기는 어려워집니다. 국가의 경우도 마찬가지여서, 이는 현명한 사람들에게만 가능한 일이긴 하지만, 장차 닥쳐올 재난을 미리 알아내면 쉽게 막을 수 있습니다. 하지만 군주 자신이 깨닫지 못하고, 세상 모든 사람들이 알아볼 만큼 일이 밀려온 뒤에는 속수무책이 되는 것입니다.

그렇기에 로마인은 사태를 예측하고 곧 대책을 세웠으며, 전쟁을 피하려는 속셈으로 문제의 발생을 방관하지 않았습니다. 왜냐하면 전쟁은 불가피한 일이며, 이를 회피하는 것은 적에게 이익을 주는 일이 된다는 사실을 잘 알고 있었기 때문입니다. 그리하여 로마인은 이탈리아 내에서 필리포스 2세와 안티오코스와 싸우는 일을 피하고 그리스에서 싸우고자 했습니다.

그들은 이 전쟁을 피할 수도 있었지만, 구태여 피하려고도 하지 않
았습니다. 오늘날 선각자들이 흔히 말하는 '시간의 혜택을 받으라'[10]
는 속담을 달갑게 여기지 않고 그들 자신의 생각과 용기와 행운에 의
지했습니다. 시간은 모든 것을 휩쓸어 간 후에 선善과 더불어 악惡을
실어 오기 때문입니다.

그러면 다음으로 프랑스가 위에서 언급한 바와 같은 조치를 취했는
가에 대해 살펴보고자 합니다. 샤를 8세는[11] 잠시 제쳐 놓고, 루이 12
세에 대해 살펴보겠습니다. 그는 오랫동안 이탈리아를 점령하고 있었
으니, 그 정책을 고찰하는 편이 가장 적합하다고 생각되기 때문입니
다. 우리는 그가 낯선 나라의 영토를 장악하기 위해 취해야 할 조치와
는 전혀 다른 행동을 했다는 사실을 알 수 있을 것입니다.

루이 12세[12]가 이탈리아에 침입한 것은, 그의 개입을 기화로 롬바르
디아 지방의 절반을 손에 넣으려고 하는 베네치아인의 야심에 빠졌기
때문입니다. 저는 왕의 처사를 비난하려는 생각이 없습니다. 그가 이
탈리아에 터전을 구축하려고 했을 때, 그곳에 그의 편을 드는 사람이

---

10 '시간의 혜택을 받으라(Godere li benefici del tempo)'는 그 당시의 프랑스와 이탈리아의 속담으
로, 우리식으로 표현하면 '시간이 약'이라는 뜻이다.

11 샤를 8세 재위 때부터 이탈리아가 프랑스에 침입했다. 샤를 8세는 루이 11세의 아들이다.

12 루이 12세 즉위 당시 이탈리아는 전란 중이었는데, 교황이 루이 12세를 설득하여 그 전쟁에
개입토록 했다. 루이 12세의 이탈리아 침략 기간은 1499년부터 1512년까지이다.

하나도 없었던 것입니다. 샤를 8세의 행동으로 말미암아 이탈리아에 이르는 모든 문호가 봉쇄되었기에, 루이 12세는 외부로부터 손에 넣을 수 있는 호의는 무엇이든 받아들이지 않으면 안 되었습니다. 그가 철저한 조처를 취했다면 계획은 거침없이 진행되었을 것입니다.

어쨌든 왕은 롬바르디아를 점령하여 이전 샤를 8세가 잃었던 위신을 회복했습니다. 제노바는 항복을 하고 피렌체는 그의 편에 섰습니다. 만토바 후작을 비롯하여 페라라 공작, 벤티볼리오 일가, 포를리 부인, 파엔차·페사로·리미니·카메리노·피옴비노의 영주들과 루카, 피사, 시에나의 주민들도 모두 그와 손을 잡으려 접근했습니다.

그제야 베네치아인은 자기들의 행동이 너무나 분별없었음을 깨달았고. 베네치아인은 롬바르디아에 두 개의 도시를 세우기 위해, 왕에게 이탈리아의 3분의 2에 달하는 영토를 내놓아야 했기 때문입니다.

루이 12세가 만일 앞에서 말한 바와 같은 원칙을 준수하고, 자기의 우방을 안심시키며 잘 보호해 주었던들 이탈리아에서 그 위신을 무난히 지켜나갈 수 있었으리라는 사실을 깊이 생각해 보아야 합니다. 그의 편을 든 이탈리아인은 많이 있었지만 힘이 약할 뿐 아니라 거의가 겁쟁이인 데다 혹자는 교회를 두려워하고 혹자는 베네치아인을 경계했으므로 프랑스 왕을 가까이하지 않을 도리가 없었습니다.

프랑스 왕은 그들을 이용하여 우세한 강국을 누름으로써 쉽사리 육신의 안전을 꾀할 수 있었습니다. 그런데 왕은 밀라노에 입성하자마자 알렉산데르 6세 교황의 로마냐 침공을 도와주었습니다. 이 처사로 말미암아 그는 자기편을 잃어버리고 세력이 약화되어 모처럼 그의 휘하에 모여든 무리들을 놓치고 말았습니다. 교회는 반대로 그 정신적 세력과 아울러 실질적인 힘을 손아귀에 넣게 되니, 힘은 자연히 배가하여 교황권은 막대해졌습니다.

프랑스 왕은 이와 같은 사실을 전혀 깨닫지 못했습니다. 처음에 잘못을 저질렀기 때문에 시간이 갈수록 곤경에 빠졌고, 그러자 그는 교황의 야심을 누르고 토스카나의 영주가 되려는 교황의 획책을 막기 위해 몸소 이탈리아까지 출정을 나서야 했습니다.

프랑스 왕은 교회 세력이 강대해져서 우군의 세력을 잃은 것은 깨닫지 못하고 나폴리 왕국을 손아귀에 넣으려는 생각에 스페인 왕과 결탁해 이 나라를 분할하려고 했습니다. 그는 일찍이 이탈리아를 침공한 일이 있지만 이제는 그 친구로서 스페인 왕을 불러들였기 때문에, 국내의 야심가를 비롯한 왕에 대해 불평을 가진 자들은 비로소 의지할 수 있는 인물을 갖게 된 셈입니다. 이 땅에는 옛날부터 공납자로서의 왕을 존속시켜 두어야 했는데 오히려 왕 자신을 추방시킬 강력한 인물을 불러들였던 것입니다.

영토를 확대하려는 의욕은 매우 자연스럽고 흔히 있을 수 있는 일로서, 능력만 있으면 왕이 된 자는 누구나 야망을 이루기 위해 항시 노리는 법입니다. 이는 찬양할 만할 일로서 비난의 대상이 될 수는 없습니다. 그러나 그럴 만한 능력이 없는 자가 분수없이 이를 감행하려 한다면 옳지 못한 일입니다. 그것은 비난을 받아 마땅합니다. 그러므로 프랑스의 경우에도 자신의 병력으로 나폴리를 손에 넣을 능력이 있다면 마땅히 해 볼만 하지만, 남의 힘을 빌려서 나폴리를 침공해 분할하려는 생각은 부당한 일입니다. 앞서 프랑스가 베네치아와 결탁하여 롬바르디아 지방을 분할한 것은 이탈리아에 터전을 마련하기 위함이라는 이유가 성립되겠지만, 나폴리를 분할해야 할 필연적인 구실은 있을 수 없습니다. 따라서 비난을 받아 마땅합니다.

루이 12세는 다음과 같은 다섯 가지 실수를 했습니다. 첫째, 약소국가들을 무조건 멸망시켰습니다. 둘째, 이탈리아에서 유력한 한 국가의 세력을 무조건 확대시켰습니다. 셋째, 이탈리아에 강력한 외국의 세력을 끌어들였습니다. 넷째, 그가 이탈리아에 거주하지 않았습니다. 다섯째, 그는 식민 통치를 하지 않았습니다.

하지만 그가 베네치아인의 영토를 약탈하는 여섯 번째의 과오만 범하지 않았다면, 앞선 모든 과오는 그가 생존해 있는 동안에는 별 재앙을 가져오지 않았을 것입니다. 그가 만일 교회의 세력을 확대시키지 않고 스페인을 이탈리아로 끌어들이지 않았더라면 베네치아인을 굴복시키는 일은 어렵지 않았을 것이고 또 먼저 베네치아인을 굴복시켰어야만 했습니다.

그가 비록 처음에 실수를 했더라도 그들을 멸망시키는 데 동의하지는 않았어야 합니다. 베네치아가 건재하면—맹주 노릇을 할 경우는 다르지만—롬바르디아를 다스리는 데에 있어서 이웃 어떤 나라의 간섭도 받지 않았을 것입니다. 이웃 나라들도 롬바르디아를 프랑스로부터 빼앗아 베네치아에 양도하려는 생각은 엄두도 내지 않았을 것입니다. 그보다 이 두 나라를 상대로 싸울 용기도 없었을 테니까요.

루이 12세가 전쟁을 회피하려고 알렉산데르 6세 교황에게 로마냐를 양도하고 스페인에게 나폴리 왕국을 내주었다고 말하는 사람도 있을지 모릅니다. 저는 이에 대하여 앞에서 서술한 바처럼 대답하려고 합니다. 전쟁을 회피하기 위해 계획을 포기하는 일이 있어서는 절대로 안 되며, 전쟁은 피할 수 있는 성질의 것이 아니라고. 더구나 전쟁을 미루다 보면 오히려 더 불리한 입장에 놓이게 마련입니다. 한편 그것은 루이 12세가 이혼[13]을 하고, 로노아[14]를 추기경으로 하는 대가로서 교황의 계략을 도와준 것이라고 말하는 사람이 있다면, 거기에 대해서는 나중에 군주의 공약과 이행 의무에 관한 대목에서 설명하려고 합니다.

루이 12세는 한 지역을 점령하고 이를 확보하기 위해 지켜야 할 필수 조건을 저버렸기 때문에 마침내 롬바르디아를 잃고 말았습니다.

---

13 루이 3세는 로마냐를 침공할 때 원조해 준다는 조건으로 왕후 〈쟌〉과 이혼하고, 부리타닌의 〈안〉과 재혼할 것을 확약함.
14 교황을 도운 공로로 교황 밑에 있는 자문기관의 한 사람인 추기경이 됨.

이는 조금도 이상할 것 없는 지극히 자연스럽고 당연한 일입니다. 이 점에 대해서는 교황 알렉산데르 6세의 아들이며, 흔히 체사레 보르자라고 불리는 발렌티노가 로마냐를 점령했을 때 저는 마침 낭트에서 루앙 추기경과 이야기를 나눈 일이 있습니다. 여러 이야기를 나누던 끝에 그가 이탈리아 사람들은 전쟁이 무엇인지 이해하지 못한다고 하기에, 저는 프랑스 사람들은 정치가 무엇인지 모른다고 대답했습니다.

그들이 만일 정치를 올바로 알았다면 교회의 세력이 그처럼 강대해지지 않았을 것이라는 뜻에서 한 말입니다. 이탈리아에서 교회와 함께 스페인의 세력을 그토록 강화시킨 책임은 프랑스에 있으며, 프랑스가 실패한 원인도 그들 자신에게 있었던 것입니다. 지금까지 언급한 사실로서, 영구불변하며 거의 완전무결한 일반적인 법칙을 이끌어낼 수 있습니다. 즉, 남이 강대해질 수 있는 원인을 제공하는 자는 스스로 멸망한다는 것입니다. 왜냐하면 그 사람은 약삭빠른 능력과 폭력으로 남을 강하게 만들지만, 일단 그 힘을 기른 자는 애초에 그런 수단을 달갑게 여기지 않기 때문입니다.

제4장

알렉산드로스 대왕에게 정복된 다리우스 왕국

새로 정복한 영토를 유지하는 일이 얼마나 어려운가를 생각해 본 사람은 이러한 의문을 갖기도 할 것입니다.

알렉산드로스 대왕은 불과 몇 해 동안에 아시아를 제패[15]했으나 이를 완전히 장악하지 못하고 죽었습니다. 그러나 그때 피정복 국가들은 들고 일어나지 않았고, 그의 후계자는 무난히 이 나라들을 확보했습니다. 그들 자신의 야심에서 비롯된 고난은 제쳐 놓고라도, 별로 두드러진 어려움을 겪지 않고 능히 이를 보전할 수 있었던 까닭은 대체 무엇 때문이었느냐는 의문에 대해 저는 이렇게 대답하려고 합니다.

'사람들의 기억에 남아 있는 영토는 대부분 다음과 같은 두 가지 방법에 의하여 통치되어 왔습니다. 한 군주와 그 은총을 받는 대신으로서 나라의 통치를 보필하는 일군의 신하들에 의하거나, 아니면 한 군

---

15 알렉산드로스 대왕은 기원전 334년부터 327년까지 6년 사이에 아시아를 정복했다.

주 및 제후에 의하여 통치됩니다. 이 제후들은 군주의 덕택이 아니라 그들의 오랜 가계家系로 말미암아 자신의 지위를 차지하고 있는 것입니다. 그들은 각각 자기들의 영토를 지니고 있고, 동시에 그들을 군주처럼 받들며 충성을 아끼지 않는 신하들을 거느리고 있습니다. 한 사람의 군주와 그 신하들에 의해 통치되는 나라는 군주의 권력이 절대적입니다. 왜냐하면 그 나라에서는 군주보다 더 존귀한 사람은 없다고 생각되기 때문입니다. 그러므로 백성들이 군주가 아닌 다른 사람을 따르더라도, 그것은 마치 대신을 위시한 관료들의 명령과 마찬가지로 결코 이렇다 할 친근감을 갖지 못합니다.'

이처럼 서로 다른 두 개의 정체는 현재 튀르크와 프랑스에서 찾아볼 수 있습니다. 튀르크 왕국은 군주의 독재정치로, 모든 백성들은 그의 신하입니다. 튀르크는 많은 산지아테 Sangiacates (튀르크의 행정 지역)로 분할되어 여러 임무를 띤 관리들이 파견되고, 왕은 이들을 마음대로 부리며 조종할 수 있습니다. 그러나 프랑스의 왕은 가계家系가 좋은 일단의 제후들에게 옹위擁衛되어 존재하고 있습니다. 그리고 이 제후들은 그 신하들의 존중과 애호를 받으며 일정한 특권을 누리고 있습니다. 왕은 자기에게 위험이 돌아오지 않는 한 이 특권을 빼앗을 수 없었습니다. 따라서 이 두 나라를 비교해 보면, 튀르크를 점령하기는 어렵지만 일단 손에 넣기만 하면 이를 보전하기란 프랑스의 경우보다 훨씬 쉽습니다.

튀르크 왕국을 점령하기가 어려운 것은 그 나라 귀족들에게서 외부의 힘을 청탁받기가 어려우며, 따라서 왕의 측근이 왕을 배반하고 나올 때를 기다려 이를 공략하려는 계획을 세울 수도 없기 때문입니다. 그 이유는 위에서 서술한 바와 같이, 국가의 관리들은 누구나 왕의 노예로서 왕의 은총을 받고 있기 때문에 좀처럼 그들을 이간시킬 수 없는 데 있습니다. 비록 그들을 부패와 무질서 속에 몰아넣었다고 하더라도 백성들은 그런 관리들의 뒤를 따르지 않기 때문에 큰 기대를 가질 수 없습니다. 그러므로 튀르크를 침공하려면 제삼자가 반란을 일으키기를 기다릴 것이 아니라, 모름지기 자기 실력을 강화하여 그 힘에 호소해야 합니다.

하지만 튀르크가 일단 전쟁에 패배하여 다시 일어날 가망이 없게 되었을 때에는 오직 왕계 이외에는 염려할 것이 없습니다. 그런데 그 왕계의 뿌리를 뽑아 버리면 백성들이 의지할 대상이 사라지기 때문에 두려워할 존재는 아무것도 없게 됩니다. 이 정복자는 백성과 어떤 뚜렷한 이해관계가 없기 때문에 그들을 두려워할 필요가 전혀 없습니다.

그렇지만 프랑스와 같은 나라는 사정이 다릅니다. 제후들은 군주에 대하여 언제나 불평불만을 품고 있으며 나라에 이변이 일어나기를 은근히 기다리고 있으므로, 그들 중에서 한 사람과 손을 잡으면 누구라도 손쉽게 그 나라에 침입할 수 있습니다. 이리하여 침공해 들어갈 길이 열리고 손쉽게 승리를 거둔다 하더라도, 앞에서 서술한 바와 같이 이 나라를 완전히 손에 넣으려면 침공의 길을 열어 준 측이나 피해를 받은 측을 가릴 것 없이 많은 곤란에 부딪치게 해야 합니다. 이러한 경우에는 군주의 혈통을 끊어 버리는 것만으로는 충분치 못합니다. 왜냐하면 제후들이 남아 있어서 그들이 다음에 일어날 변혁을 조성하는 영도자가 될 것이기 때문입니다. 그들에게 만족을 주기란 어려운 법이며 또한 그들을 모조리 근절할 수도 없는 일이므로, 그들은 기회만 오면 언제나 배반하게 되어 있습니다.

다리우스 왕의 정치적인 성격을 잘 검토해 보면 튀르크 왕국이 그와 흡사하다는 점을 누구나 알게 될 것입니다. 그렇기에 알렉산드로스 대왕은 무엇보다 먼저 전쟁터에서 모든 군대를 추방해야 한다고 생각했습니다. 이 싸움에서 승리를 거둔 뒤에 다리우스 왕은 세상을 떠났으므로, 알렉산드로스 대왕은 위에서 말한 바와 같이 아무런 불안도 느끼지 않고 그 나라를 보유할 수 있었습니다. 그리고 그 자손이 마음을 합하여 국가에 전력을 기울이면 손쉽게 이 영토를 보전하게 마련이며, 그들 자신이 일으킨 분쟁을 제외하고는 나라 안에 아무런 소란도 일어나지 않았던 것입니다.

프랑스 왕국과 같은 성격을 띤 나라에서는 이처럼 수월하게 영토를 보전할 수가 없습니다. 스페인·프랑스·그리스 등지에서 끊임없이 로마인에 대한 반항이 일어난 까닭은, 이러한 나라에는 많은 영주들이 있어서 그들을 모조리 뿌리 뽑아 버리지 않는 한 로마인은 그 나라를 완전히 점령할 수가 없었기 때문입니다.

그러나 장구한 기간에 걸친 로마제국의 통치와 강력한 세력으로 말미암아 쓰라린 추억은 사라지고, 로마인은 확고부동한 지배력을 갖게 되었습니다. 그 후에 로마인들 사이에는 내분이 일어나 이전부터 획득하고 있던 기성세력에 따라서 그 나라를 각기 분할하여 갖게 되었지만, 옛 영주의 혈통은 사라져 버렸으므로 이미 로마인이 아닌 주권자는 존속할 수 없게 되었습니다.

이러한 사실로 미루어 보건대, 알렉산드로스 대왕이 아시아 영토를 무난히 보전해 나가고 피로스[16]를 비롯한 그 밖의 모든 사람들이 점령한 땅을 유지하기 힘든 까닭이 밝혀졌을 것입니다. 이는 정복자의 수완이 좋고 나쁜 데 영향이 있다기보다는 오히려 정복된 나라의 환경이 같지 않은 데 기인합니다.

---

16 피로스(Pyrrhus)는 이탈리아를 침입했으나, 공화정의 전통을 가진 이탈리아에서 통치에 어려움을 겪고 결국 실패했다.

제5장
자치적이던 도시나 국가를 통치하는 방법

앞에서 말한 바와 같이 일정한 법률에 의해 통치되고 자유를 누리던 나라를 점령하여 보전해 나가는 데는 세 가지 방법이 있습니다. 첫째는 그 나라를 송두리째 무너뜨리는 것, 둘째는 정복자 자신이 직접 그 나라에 이주하는 것, 셋째는 자치를 허용하여 세입을 늘리고 국내의 자기 심복을 시켜서 과두정치를 하게 하는 것입니다. 이런 정치는 군주에 의해 이루어진 것이므로, 그의 환심을 사고 힘을 빌려야 한다는 사실을 잘 알고 있기 때문에 군주를 지지하고 충성을 아끼지 않을 것입니다. 오랫동안 자유를 누려 온 도시를 장악하려면 그 시민들을 이용하는 길이 최선의 방법입니다.

　그 예로 스파르타인과 로마인을 들 수 있습니다. 스파르타는 과두정치를 하여 아테네와 테베를 점령했으나 종내는 그 지역을 도로 잃었습니다. 반면 로마인은 카푸아, 카르타고, 누만티아를 정복하여 이를 잃는 일 없이 오래도록 보유했습니다. 그런데 로마인이 그리스를 손에 넣으려고 할 때, 스파르타를 본받아 그들에게 자유를 허용하고 그들의 국법을 그대로 실시했기 때문에 성공을 거두지 못했습니다. 그러므로 이를 보전하기 위하여 국내의 많은 도시를 파괴할 수밖에 없었습니다. 이런 경우에는 그 나라를 확보하기 위해 파괴하는 방법 외에는 별도리가 없었기 때문입니다.

자유를 누리던 도시를 지배할 경우에는, 이를 파괴하지 않으면 오히려 그 도시가 자신을 파멸시킨다는 비상한 각오를 해야 합니다. 그들이 반란을 일으킬 경우에는 반드시 자유와 지난날의 법률을 구실로 삼기 때문입니다. 그런데 이 양자는, 오랫동안 선정을 베풀어도 그들의 지난날 기억을 씻어 버릴 수 없는 것입니다. 아무리 튼튼한 방비를 하여도 그 나라 주민들을 분산시키지 않는 한 언제나 과거의 자유와 질서에 대한 향수를 느끼게 마련이므로, 기회만 있으면 옛 기억을 더듬는 것입니다. 예컨대 백 년 동안이나 피렌체의 지배를 받아 온 피사[17]의 경우를 들 수 있습니다.

하지만 어떤 도시나 나라가 한 군주의 통치에 익숙해지고 동시에 그들의 혈통이 존속될 경우에는 잘 복종합니다. 그들은 옛 영주를 잃었기 때문에, 합심하여 새로운 군주를 내세울 수도 없고 자치를 해 나갈 만한 능력도 없으므로 그들이 반란을 일으키는 일은 거의 불가능

---

[17] 피렌체는 1406년 피사를 매수했으나, 오랫동안 분쟁이 계속되다가 끝내 1494년에 반란이 일어났다. 그러나 1509년 다시 피렌체에 병합되었다.

합니다. 따라서 군주는 그들을 손쉽게 손아귀에 넣고 다스릴 수 있습니다. 그렇지만 공화국의 경우는 백성들이 활발하게 활동하고 증오심과 복수심이 강하여, 항시 자유로웠던 지난날의 기억이 끊임없이 그들에게 충동을 일으키게 합니다. 그러므로 가장 안전한 길은 그들을 멸망시키든지, 아니면 군주 자신이 그 고장에 가서 사는 길밖에 달리 도리가 없습니다.

제6장

스스로의 힘으로 얻은
신생 군주국

군주나 국가의 새로운 주권에 대하여 서술하는 데 있어서 훌륭한 인물을 예로 들어도 무방하리라고 생각합니다. 사람은 항상 남들이 걸어간 길을 따라가게 마련이며 그들의 행위를 본받게 되지만, 선인들의 길을 그대로 고수해 나갈 수는 없습니다. 그리고 스스로 본받으려는 그 위대한 능력에 미칠 수도 없는 것이므로 지각이 있는 사람들은 언제나 위대한 인물의 뒤를 따라야 하고, 한편 그들에게서 나온 것을 배워야 합니다.[18] 이것은 자신의 능력이 거기까지 미치지 못하더라도 하다못해 흉내라도 내야 하기 때문입니다. 마치 능숙하게 활을 쏘는 사람처럼 그가 겨누고 있는 과녁이 너무 멀어 화살이 거기까지 못미칠 것 같으면, 그 표적보다 훨씬 높은 곳을 겨냥해서 자신의 능력과 화살의 기능을 능가하여 표적을 꿰뚫는 것과 같습니다.

18　이는 모방을 말하는 것으로, 마키아벨리는 역사란 되풀이 된다고 믿어 윤회설을 주장하기도 했다.

그러므로 전혀 다른 주권에 새 군주가 등장할 경우에는 정복자의 역량에 따라서 고난의 많고 적음도 결정된다고 하겠습니다. 특히 평민으로서 입신하여 군주가 된 사람은 그 역량과 행운을 미루어 짐작하고도 남으므로, 이 두 가지 조건 중에 어느 하나는 커다란 어려움을 다소나마 덜어 줄 것입니다. 그러나 요행을 바라지 않는 자가 오히려 안정을 누릴 수 있습니다. 군주에게 많은 영토가 없어서 부득이 자신이 정복한 고장에 살지 않을 수 없을 때는 사정이 한결 호전됩니다.

행운에 의지하지 않고 자기 힘으로 군주가 된 자의 경우를 살펴보면 모세, 키루스 2세, 로물루스, 테세우스와 같은 이들이 그중에서 가장 두드러진 예입니다. 모세는 오직 하나님의 명령을 실천에 옮긴 인물이기 때문에 여기에서 제외하는 사람이 있을지도 모르지만, 모세는 하나님과 대화를 나눌 정도의 은총을 받았다는 사실만으로도 칭찬받을 만합니다. 그리고 키루스 2세를 비롯한 다른 사람들은 넓은 영토를 손에 넣고 터전을 닦은 사정을 관찰해 보면 누구든 찬사를 아끼지 않을 것입니다. 그들의 행적과 시책을 깊이 연구해 볼 때 그것은 위대한 영도자였던 모세의 업적에 못지않습니다.

이러한 사람들의 행적이나 생애를 세밀히 살펴보면, 그들은 어떤 기회를 제외하고는 아무런 요행도 없었다는 사실을 알 수 있습니다. 그 기회란 오직 소재를 제공해 준 데 불과하며, 그들은 각기 이것을 자기에게 알맞은 환경으로 개조했던 것입니다. 그렇지만 이러한 기회가 주어지지 않았다면 그들의 정신력을 활용할 계기가 마련되지 못했을 것이며, 동시에 그 능력이 없었던들 아무리 좋은 계기가 주어졌더라도 무용지물이 되어 버렸을 것입니다.

그러므로 모세에게 있어서, 하나님의 지시에 따르게 하기 위해서는 이집트에서 노예로 혹사당하고 있는 이스라엘 사람을 발견해야 할 필요가 있었던 것입니다. 마찬가지로 로물루스가 나중에 로마의 임금이 되어 나라의 터전을 마련하기 위해서는 알바에 머무르지 않고 태어나자마자 버려지는 운명에 처할 필요가 있었습니다. 키루스 2세를 위해서는 메디아의 지배에 불평을 갖고 있는 페르시아인과 또 오랜 평화로 인하여 해이해진 메디아인들이 필요했습니다. 그리고 분열되어 유랑하던 아테네인이 없었던들 테세우스 역시 자신의 능력을 시험해 볼 방법이 없었을 것입니다. 요컨대 그들에게 주어진 기회는 그들에게 행복을 가져다주었으며, 뿐만 아니라 그들의 뛰어난 재능은 능히 그 기회를 포착하여 각기 그 나라를 영광과 번영으로 이끌었습니다.

자기의 능력으로 권력을 잡은 사람은 대개 그렇듯이, 그것을 손에 넣기는 어렵지만 유지하기는 용이했습니다. 주권을 잡는 데 수반되는 어려움은 그 나라를 세우고 자기를 보전하기 위해 필요 불가결의 요인이 됩니다. 스스로 군주가 되어 새로운 제도를 마련하는 것처럼 착수하기 어렵고 달성하기 어려운 일은 없다는 사실에 유의하여야 합니다. 왜냐하면 새로운 제국의 창시자는 낡은 제도 아래서 혜택받던 자들을 모조리 제거해야 하며, 새로운 제도에 쉽게 호응하는 자들 역시 자기의 지지자로서는 부족하기 때문입니다.

이러한 원인은 한편으로는 낡은 제도를 지지하는 자들에 대한 두려움과, 다른 한편으로는 분명한 체득을 하기 전에는 새로운 제도를 쉽게 수긍하지 못하는 인간 본연의 시의심에서 비롯됩니다. 따라서 여기에 적의를 품고 있던 자들이 만일 반격을 가할 수 있는 기회만 얻게 된다면, 그들은 일종의 당파적인 증오심을 갖고 대항할 것입니다. 그리고 이를 방어하는 측에서는 열의가 식게 되어 군주도 이들과 함께 위기에 부딪치게 됩니다.

그러므로 이에 대한 충분한 서술을 하려면 먼저 개혁자가 자신의 힘에 의존하고 있느냐, 남의 힘을 빌리고 있느냐 하는 점을 참작해 봐야 합니다. 즉 그가 계획을 세우는 데 있어서 남의 힘을 빌릴 필요가 있는지 아니면 자기의 실력으로도 충분한지를 잘 검토해야 한다는 것입니다.

남의 힘을 빌릴 경우에는 언제나 실패하여 성사되기가 어렵습니다. 그러나 오직 자기 자신의 힘에 의지하는 사람은 좀처럼 위험을 초래하지 않습니다. 무릇 무장을 한 예언자는 이기고 무장을 하지 않은 예언자가 지는 까닭이 여기에 있습니다. 앞에서 말한 이유 외에도 인간은 변덕을 부리는 기질이 있기 때문입니다. 뿐만 아니라 사람을 설득시키기는 쉽지만, 그들이 실천에 옮기도록 하기란 여간 어려운 일이 아닙니다. 그들이 끝내 믿으려고 하지 않을 때에는 무력을 빌려 강압적으로 추종하게 만들 필요가 있습니다.

만일 모세를 비롯하여 키루스나 테세우스 또는 로물루스가 무력을 갖추지 않았다면, 백성들로 하여금 그들이 세운 제도를 오랫동안 지켜 나가도록 할 수 없었을 것입니다. 그것은 오늘날 수도사인 지롤라모 사보나롤라[19]의 사건에서 볼 수 있듯이 백성의 신의를 잃게 되면 자신이 창시한 새로운 제도에 의해 자멸하게 됩니다. 더구나 사보나롤라는 그를 추종하던 자들을 완전히 휘어잡는 방법을 알지 못했으며, 불평분자들이 자기를 따르게 하는 요령도 없었습니다. 그러므로 이런 사람은 자신의 계획을 수립함에 있어서 많은 어려움을 겪게 되고 앞에 가로놓인 많은 위험을 늘 자신의 힘으로 극복해 나가지 않으면 안 됩니다. 그런데 이를 타개하고 나아가 그를 시기하던 무리를 발본해 버리면, 숭앙의 대상이 되어 모든 권세와 안정과 영화를 오래도록 누리게 마련입니다.

이처럼 훌륭한 예는 이 정도로 하고, 그 밖의 사소한 일들을 첨가하기로 하겠습니다. 이 양자 사이에는 어떤 관계가 있으므로 한 가지 예를 들어 이와 비슷한 다른 경우를 대신하는 것으로 간주하려고 합니

---

19 지롤라모 사보나롤라(Girolamo Savonarola)는 당시의 교회와 수도사의 타락과 부패를 맹렬히 공박하고 공화주의를 주창했다. 1494년 기독교 이념에 입각한 많은 개혁을 단행했으나 교황청의 명령을 거역했다는 이유로 파문당하고 1498년 화형에 처해졌다.

다. 바로 시라쿠사의 왕 히에로의 경우가 그렇습니다. 그는 맨주먹으로 입신출세하여 시라쿠사의 주권자가 되었습니다. 그에게는 오직 기회밖에는 다른 아무런 요행도 주어지지 않았습니다. 다시 말해 시라쿠사인들이 압박받고 있을 때 그는 지도자로 뽑혔으며, 그 의무를 다하고자 군주가 되었습니다. 그는 일찍이 시민으로 있었을 때에도 비상한 능력을 지니고 있었으므로, 어느 책에는 그를 가리켜 이렇게 표현했습니다.

'그가 임금으로서 갖추지 못한 것은 단지 영토뿐이다.'

히에로는 기존의 군대를 해산했습니다. 그가 자기의 군대와 동맹군을 모두 장악했을 때, 그 기반 위에 웅장한 건축물을 세웠습니다. 초창기에는 많은 어려움이 따랐지만, 기초가 확립되자 나중에 나라를 보전하는 일은 어렵지 않게 되었습니다.

제7장
남의 무력을 빌리거나 요행으로 얻은 주권

평민이 요행으로 군주가 된 경우에 그 자리를 차지하는 일은 별로 어렵지 않지만, 이를 보전하기는 용이한 일이 아닙니다. 그들은 곧장 비약을 하기 때문에 오르막길에서는 장애물에 부딪히지 않았으나, 일단 봉우리에 도달하면 거기에는 온갖 고난이 자리를 잡고 있습니다. 이것은 금력이나 옛 영주의 호의에 의해 나라를 이양받은 경우로서, 그리스나 이오니아의 여러 도시와 헬레스폰트의 여러 도시에서 그 좋은 실례를 얼마든지 찾아볼 수 있습니다.

　다리우스 왕은 자기의 안락과 명예를 보전하기 위해 이 같은 사람을 그 여러 도시의 군주로 임명했습니다. 한편 군부의 타락으로 인하여 뇌물로써 대제국의 주권을 잡게 된 로마 황제도 그 보기에 지나지 않습니다. 이러한 사람들은 모두 운이 좋았거나 혹은 그들을 주권자로 만들어 준 사람들의 호의에 의해 그 지위에 오른 것입니다. 어느 경우를 막론하고 수명은 길지 못합니다. 더구나 그들은 자신의 지위를 유지하는 방법도 모를 뿐더러 힘도 없습니다. 그들은 줄곧 한 사람의 시민으로서 살아왔기 때문에, 비범한 인물이 아닌 한 나라를 다스리는 방법을 알 턱이 없습니다. 그들은 또한 충성을 아끼지 않는 군대를 갖고 있지도 않으므로 도저히 한 나라를 유지할 방법이 없습니다.

신흥국가는 급속히 싹이 터서 빨리 자라는 식물처럼 폭풍에도 쓰러지지 않을 뿌리와 가지를 갖고 있지 못합니다. 그러므로 일조일석에 주권자가 된 사람은 그 행운을 유지해 나갈 만할 술책과 비상한 재능을 갖고 있지 못하거나, 자기 자신이 군주가 되기 전에 남이 마련해 놓은 기반을 그대로 존속해 나가지 않을 경우에는 스스로 멸망을 서두르는 것이 됩니다.

위에서 언급한 바처럼 실력이나 행운에 의해 군주가 된 자로서 우리의 기억에 남아 있는 자는 바로 프란체스코 스포르차와 체사레 보르자입니다. 프란체스코는 합당한 수단[20]과 비상한 재능에 의하여 이름 없는 평민의 신분으로서 입신양명하여 밀라노의 영주가 되었습니다. 그는 처음에 용의주도한 계획을 세워 나라를 얻게 되었으므로 다스리는 일이 수월했습니다.

이와는 반대로 세상에서 발렌티노 공작이라고 부르는 체사레 보르자는 부친 덕분에 요행으로 나라를 손에 넣었지만, 그 운이 기울어지

---

20 프란체스코 스포르차(Francesco Sforza)는 병졸로 고용된 밀라노 시민을 기만하고 나중에는 그들의 자유를 빼앗아 군주가 되었다.

자 나라를 송두리째 잃고 말았습니다. 체사레의 경우는 타인의 무력(프랑스 루이 12세의 군대)과 행운(앞서 밝혔듯 체사레의 부친은 알렉산데르 6세 교황이다)이 가져다준 국토에 견고한 뿌리를 박기 위해 현명하고 유능한 모든 수단 방법을 강구했습니다. 하지만 이미 말했듯이 그 터전을 직접 닦아 놓지 않은 자는 비상한 재능을 갖고 있어 충분한 보충을 해 놓지 않는다면 반드시 건축상의 위험이 따르게 마련입니다.

이와 같이 체사레 보르자의 경로를 더듬어 보건대, 그는 앞날에 대비하여 확고한 기반을 닦았다는 사실을 알 수 있습니다. 따라서 새로 군주가 된 자에게는 이 사람의 경우를 고찰하는 것 이상 좋은 교훈은 없을 것입니다. 비록 그가 취한 조치에서 별로 배울 것이 없다고 하더라도, 그것은 기이하고도 불행한 운명의 장난이며 그의 탓으로 돌릴 수는 없습니다.

알렉산데르 6세 교황은 그의 아들 발렌티노를 위대한 인물로 만들기 위하여서는 커다란 난점을 갖고 있었습니다. 그 첫째 애로 사항은 교회의 영토 밖에서는 체사레 보르자를 군주로 내세울 도리가 없었다는 점입니다. 그리하여 교회에서 영토를 빼앗는다고 가정하더라도 밀라노의 공작과 베네치아인이 이를 용납하지 않을 것은 당연한 사실이었습니다. 파엔차와 리미니는 이미 베네치아의 보호국이 되어 있었기 때문입니다. 그래서 알렉산데르 6세 교황은 이탈리아의 군대로 눈을 돌렸습니다. 그가 이용할 수 있는 병력은 교황의 세력이 강대해지는 것을 두려워하는 자, 즉 오르시니 가와 콜론나 가문을 비롯한 그들에게 매여 있는 자들의 손아귀에 들어 있음을 알게 되었습니다.

따라서 자신의 안전을 도모하기 위해서는 무엇보다도 먼저 질서를 깨뜨려 국내를 혼란에 빠지게 해야 했습니다. 왜냐하면 베네치아인이 프랑스 군대를 다시 이탈리아로 끌어들이려는 속셈이 들여다보였기 때문입니다. 교황은 그 견해에 반대하지 않았을 뿐더러, 루이 왕의 이혼을 승낙해 줌으로써 일이 순조롭게 진행되도록 했습니다. 그리하여 프랑스 왕은 베네치아의 도움과 알렉산데르 6세 교황의 동의를 얻어 이탈리아를 재침략했습니다.

프랑스 왕이 밀라노에 침입하자마자 교황은 왕의 군대를 빌려 로마냐 원정을 기도했고 이 계획은 프랑스의 위력에 의해 성공을 거두었습니다. 그리하여 공작은 로마냐를 점령하고 콜론나 일족을 타도하여 그 영토를 확고하게 보전하면서 다시 원정을 나서려고 했으나, 두 가지 난관에 부딪치게 되었습니다. 그 한 가지는 충성심이 약해 보이는 그의 군대였고, 또 한 가지는 프랑스 왕의 음흉한 속셈이었습니다.

즉 공작이 지금까지 이용해 온 오르시니 일가의 군대가 그를 배반하고 정벌을 방해하는 동시에, 프랑스 왕과 합세하여 점령한 영토마저 잃게 될지도 모른다는 염려였습니다. 공작이 일찍이 파엔차를 점령하고 볼로냐를 침공했을 때 오르시니는 이에 대해 냉담한 태도를 취하여, 그 우려를 확인할 수 있었습니다. 그리고 그가 우르비노 공작의 영토를 침략하고 토스카나로 쳐들어갔을 때 왕은 이 싸움을 저지했던 것입니다. 이 한 가지 사실로도 프랑스 왕의 속셈을 들여다볼 수 있었습니다. 따라서 공작은 앞으로는 결코 남의 병력을 빌리거나 행운에 기대서는 안 된다고 굳게 다짐했습니다.

그리하여 공작은 제일 먼저 로마에서는 오르시니와 콜론나 양가의 세력을 약화시켜야 했습니다. 보르자 공작은 그들에게 속하는 귀족들을 매수하여 자기 산하의 부하로 삼아 보수를 넉넉히 주고, 각기 그 능력에 맞는 지휘권을 부여했습니다. 그러자 그들은 불과 몇 달이 되지 않아 전에 섬기던 상전에 대한 충성심은 깨끗이 사라지고 공작을 받들게 되었습니다.

보르자 공작은 콜론나 일가를 분산시켰으므로 오르시니 일가를 물리칠 기회만을 노리고 있었는데, 드디어 때가 이르렀습니다. 공작은 이를 교묘하게 이용했습니다. 오르시니는 교회와 공작이 세력을 확대하는 것은 자멸을 초래하는 일임을 깨닫고, 페루자에 있는 마조네에서 회합하여 대책을 세웠습니다. 이 일이 계기가 되어 우르비노는 반란을 일으키고, 로마냐는 소요를 일으켜 공작의 신변에 위기를 조성했지만, 그는 프랑스의 원조를 받아서 이를 모조리 평정했습니다.

공작은 계속하여 그 신망을 유지할 수 있게 되자 프랑스를 위시한 남의 힘에 의지하는 것을 일체 중단했습니다. 그리고 그들에게 정면으로 맞서지 않기 위해 하나의 계략을 생각해 냈습니다. 공작은 자기의 본심을 숨기고 파올로 영주를 내세워 오르시니 가와도 화해를 했습니다. 공작은 말할 필요도 없이 파올로를 매수하기 위하여 금은이나 비단, 준마 등의 공물을 갖추어 보냈습니다. 결국 오르시니는 순진하게도 세니갈리아에서 공작의 손아귀[21]에 걸려들었습니다. 그리하여 우두머리들을 모조리 살해하고 그 일당을 자기 부하로 삼는 한편, 우르비노와 더불어 로마냐 전부를 자기 손에 넣었습니다. 로마냐가 공작의 통치 아래 번영하면서 드디어 백성들도 안정되어 그를 따랐으므로, 자기 세력권을 굳게 다지게 되었습니다.

이런 점은 남에게 좋은 본보기를 보여주는 것이기 때문에 그대로 간과할 수 없습니다. 공작이 로마냐를 점령할 당시 그 지방은 어리석고 연약한 군주의 치하에 있었습니다. 그들은 백성들을 다스리는 게 아니라, 백성들에게서 약탈을 일삼아 단결은 고사하고 혼란의 기미가 엿보였습니다. 그 결과 나라 안에는 온갖 악의 무리들이 판을 치고 다녔습니다.[22] 그래서 체사레 공작은 그들을 왕권에 복종시키고 평화를 가져다주기 위해서는 좋은 정부를 세워야 한다고 생각했습니다.

그리하여 공작은 지혜롭고 강직한 인물인 레미로 데 오르코[23]를 등

---

21 체사레 보르자는 오르시니, 파올로, 비텔로초 등이 밀담을 한다는 구실로 한 방에 몰아넣고 죽여 버렸다.

22 알렉산데르 6세 교황이 영주를 추방하기 전까지 로마냐 지방은 사소한 일로 대학살이 일어나고 영주들이 사치스런 생활을 일삼는 등 죄악이 성행했다.

23 레미로 데 오르코(Remirro de Orco)는 전제정치에도 불구하고 공평해서 국민의 신망을 얻었지만, 불명했다는 죄상으로 1502년 12월에 살해되었다.

용하여 짧은 시일 안에 나라의 통일과 평화를 이룩하는 커다란 업적을 남겼습니다. 그러자 공작은 그에게 너무 큰 권력을 주어서는 안 된다고 생각했습니다. 그리고 백성들의 원한을 살 것을 두려워한 나머지 유능한 재판장을 임명하고 도시마다 변호인을 세우는 법정을 이 지역에 세웠습니다. 뿐만 아니라 지난날의 무자비한 탄압으로 인해 자신에게 반감을 갖고 있음을 알고 있었으므로, 민심을 얻기 위해서 제재 조치가 가해진 까닭은 공작 자신의 의사로 된 일이 아니라 장관들의 잔인무도한 성품에서 기인한 것임을 보이고자 했습니다. 그리하여 어느 날 밤 체세나 광장에서 레미로의 목을 베고 그 곁에 거기에 사용된 나무토막과 피 묻은 칼을 놓아두었습니다. 이 잔인한 광경에 시민들의 마음은 흡족함을 느끼는 동시에 깜짝 놀랐습니다.

여담은 그만두고 다시 본론으로 들어가겠습니다. 공작은 드디어 자력으로 충분한 군비를 기름으로써 당면한 위기를 모면할 수 있었습니다. 다른 한편으로는 그를 위협하고 있던 주위의 적대 세력을 대부분 타도했습니다. 공작은 정벌을 계속하기를 원했지만 프랑스 왕과의 태도를 조심히 해야만 했습니다. 프랑스 왕이 자신의 실책을 뒤늦게나마 깨닫게 되면 공작을 지원하지 않으리라는 사실은 분명하기 때문입니다.

공작은 이때부터 새로운 동맹국과 손을 잡고 가에타를 점령한 스페인과 맞서기 위해 나폴리 왕국으로 원정을 떠날 때 프랑스 왕에 대해 적당한 태도를 취했습니다. 그것은 프랑스 군대에 대비해 자위 태세를 갖추려는 속셈에서였습니다. 만일 알렉산데르 6세 교황이 살아 있었더라면 그 일은 쉽사리 이루어졌을 것입니다.

공작은 당면한 나랏일에 대하여 위에서와 같은 계획을 취했습니다. 그러나 앞날에 대한 불안함의 주된 요인은 무엇보다도, 교회의 계승자가 경우에 따라서 공작을 달갑게 여기지 않고 알렉산데르 6세 교황이 그에게 준 영토를 회수하지 않을까 하는 것이었습니다. 그는 이에 대비해서 다음과 같은 네 가지 방도를 강구하려고 했습니다. 첫째로 이미 그가 탈취한 나라에 대하여 옛 군주의 혈통을 끊어 버리고자 했습니다. 그리하여 새 교황이 그들을 이용할 기회를 주지 않은 것입니다. 둘째로 앞에서도 말한 바와 같이 로마의 귀족들을 모조리 매수하여 교황을 견제한 것입니다. 셋째로 추기경 일부를 자신의 세력권 내에 두는 일입니다. 넷째로 알렉산데르 6세 교황의 생존 기간에 공격을 자의로 대적할 수 있는 실력을 갖추는 일입니다.

교황은 이와 같은 요건 세 가지를 갖추고, 네 번째 일에 착수하려고 했습니다. 그는 이미 자기가 점령한 영토에서 몇몇 영주만을 남겨 두고 대부분의 목을 잘랐을 뿐만 아니라 로마의 귀족과 추기경의 대부분을 자기 세력으로 만들었습니다. 점령한 영토에 있어서도 그는 토스카나의 주권자가 되려고 시도했으며, 페루자와 피옴비노를 수중에 넣고 피사마저 그 산하에 들어오게 했습니다.

그런데 스페인 사람들은 이미 프랑스인을 나폴리에서 몰아내고 쌍방이 모두 공작의 비위를 맞추지 않으면 안 될 처지가 되어 있었으므로, 프랑스에 대해서 염려할 필요가 없었습니다. 그가 피사에 침입하면 루카와 시에나는 피렌체에 대한 원한과 공포 때문에 곧 항복할 것이었습니다. 피렌체인들에게는 전혀 방비책이 없었기 때문에 만일 그들의 뜻대로 되었다면(알렉산데르 6세 교황이 운명한 해에 성공했다), 체사레는 굉장한 성공을 거두고 강대한 세력을 만들어 홀로 설 수 있을 만큼 남의 도움을 받지 않고 자기 역량에 의존했을 것입니다. 그런데 체사레가 칼을 든 지 겨우 5년 만에 알렉산데르 6세 교황은 세상을 떠났습니다. 그래서 교황이 공작에게 물려준 영토는 로마냐뿐이었으며, 그 밖의 것은 모두 공중에 떠 있었습니다. 그는 양대 강국(프랑스와 스페인) 틈에 끼어 곤경을 겪고 있었으며, 설상가상으로 불치의 병을 얻게 되었습니다.

공작은 매우 사납고 비상한 재능을 갖고 있어서, 사람을 기용할 줄도 알았지만 버릴 줄도 알았습니다. 비록 짧은 기간에 쌓아 올린 기반이었지만 매우 견고했으므로, 오직 그의 건강만 허용되었더라면 본인 자신이 무기를 들지 않아도 능히 어려움을 극복해 나갔을 것입니다. 그가 닦아 놓은 기반이 얼마나 견고했는가는 다음과 같은 예로도 짐작할 수 있습니다. 로마냐는 이미 사경을 헤매고 있는 그를 한 달 이상이나 기다리고 있었으며, 로마는 그가 거의 숨이 넘어가고 있었음에도 전혀 동요의 빛을 보이지 않았습니다. 그리고 발리오니와 비텔리를 비롯한 오르시니 가문의 많은 인사들이 로마에 돌아와서도 전혀 반기를 들려고 하지 않았습니다. 그리고 공작이 추천하는 인물을 교황으로 세우지 않는다 하더라도, 그가 원치 않는 사람이 교황으로 선출되는 일은 막을 수 있었습니다.

율리우스 2세가 교황으로 선출되고 알렉산데르 6세 교황이 세상을 떠났을 때, 알렉산데르 6세 교황의 건강이 조금만 좋았던들 모든 일은 잘 되었을 것이라고 공작은 나에게 말했습니다. 그의 부친이 세상을 떠나면 일어나게 될 여러 가지 일들에 대하여 미리 각오하고 모든 대책을 세웠지만, 공교롭게도 그가 아버지와 같은 시기에 죽으리라고는 결코 예상치 못했던 것입니다.

공작의 조처를 하나하나 검토해 볼 때 그를 비난할 만한 실마리는 전혀 없습니다. 오히려 저는 행운과 타인의 힘을 빌려 정권을 잡은 자들의 귀감으로서 그를 내세우고 싶습니다. 그는 큰 용기와 높은 야심을 갖고 있었기에 위대한 일을 성취하는 것 외에 달리 행동할 수 없었을 테니 말입니다. 오직 알렉산데르 6세 교황이 일찍 세상을 떠났고 그 자신도 병이 났기 때문에 그 계획이 중도에서 좌절된 것뿐입니다.

요컨대 중요한 점은 새로 손에 넣은 영토에서 적에게 위협을 받을 화근을 제거하여 자기편을 많이 만들고, 어떤 권모술수로라도 적을 타도하며 백성들을 아끼고 경계해야 한다는 것입니다. 병사들은 스스로 따르고 받들게 만들며, 자기에게 해가 되거나 해로운 기미가 보이는 사람은 제거해야 하고, 충성심이 있는 군대는 해산시키고 새로 편성하여야 하며, 여러 군주들과 친교를 맺어 그들로 하여금 스스로 자기를 후원하게 만들어 쉽사리 배신하지 않게 해야 합니다. 우리는 이러한 공작의 처사보다 더 훌륭한 본보기를 찾아볼 수가 없을 것입니다.

그러나 공작은 율리우스 2세를 교황으로 내세운 데 대하여서는 비난을 받을 만합니다. 앞에서도 말한 것처럼, 교황 선거에 있어서 그의 마음에 드는 사람을 추천할 수는 없다 하더라도 그에게는 어떤 사람이든 저지할 수 있는 능력이 있었으니 말입니다. 따라서 그는 자기가 피해를 입힌 일이 있는 추기경을 교황으로 선출하는 데 동의하지 않았어야 합니다. 즉 그가 경계해야만 할 인간을 교황으로 추대해서는 안 되었던 것입니다.

인간이란 으레 공포심이나 증오심 때문에 상대방을 해치려고 하게 마련입니다. 특히 산 피에트로 아드 빈쿨라, 콜론나, 산 조르조, 아스카니오의 경우가 그러합니다. 루앙과 스페인 사람들을 제외하고 그 밖의 사람들 모두가 체사레를 두려워할 이유가 있었습니다. 스페인 사람들은 그와 동맹을 맺고 있으므로 의리상 체사레 공작에게 재해를 가할 수 없고 루앙의 추기경은 프랑스 왕국을 배후에 두고 있으므로 두려워할 필요가 없었습니다. 그러므로 공작은 스페인인을 누구보다도 먼저 교황으로 선출했어야 할 것입니다. 만일 그 일이 안 된다면 루앙을 추천했어야지, 산 피에트로 아드 빈쿨라를 내세워서는 안 되었습니다.

고상한 인품의 소유자는 새로운 은덕을 주면 지난날의 원한을 깨끗이 잊어버린다고 생각하는 것은 큰 기만입니다. 따라서 공작은 교황 선거에 있어서 잘못을 했으며 그로 말미암아 종내는 파멸하게 된 것입니다.

제8장
악행을 사용하여
군주가 된 자들

평민이 군주가 되는 방법이 행운이나 재능 덕분이라고만 생각해서는 안 됩니다. 거기에는 두 가지 방법이 더 있는데 이를 생략할 수는 없으며 그중의 한 가지 방법은 공화국을 서술할 때 상세히 언급하겠습니다. 이러한 두 방법은 비인도적인 무도한 수단에 의해 군주가 되거나, 평민이 다른 백성들의 지지와 찬동을 받아 군주가 될 경우입니다. 저는 두 가지 예를 들려고 하는데 그 첫째는 옛것이고 다른 하나는 현대의 것입니다. 이 두 가지 예를 따라야 할 필요가 있는 사람들은 잘 알고 있을 터이므로, 그 공리적인 면에 대한 상세한 서술은 생략하기로 하겠습니다.

　시칠리아의 아가토클레스[24]는 서민계급 가운데서도 가장 낮은 신분에서 출세하여 시라쿠사의 왕이 되었습니다. 아가토클레스는 토기

24　아가토클레스(Agathocles)는 기원전 317년 시라쿠사의 왕위에 올라 지중해 일대를 전쟁으로 몰아넣었으며, 이후 기원전 298년 72세의 나이에 독살되었다.

장이의 아들로 태어나 생애의 대부분을 잔인무도한 생활로 보냈지만, 그에게는 악덕과 함께 지력과 체력이 갖추어져 있었습니다. 이와 같은 기질을 군사에 기울였으므로, 차츰 승진하여 시라쿠사의 집정관이 되고 자신의 권력으로 군주가 되어 그곳을 유지해 나가려고 결심했습니다. 그런데 때마침 군사를 거느리고 시칠리아에서 싸우고 있던 카르타고의 하밀카르와 그의 계획을 의논하여 합의가 성립되었습니다.

어느 날 아침 시라쿠사의 유지와 원로들을 초청한 아가토클레스는 나라의 일을 의논하려는 것처럼 가장한 다음, 미리 언약한 신호에 따라 하밀카르의 군대가 이 원로들과 부호를 모조리 살해해 버렸습니다. 원로와 부호들이 이처럼 한꺼번에 몰살당하자 아가토클레스는 시민들로부터 어떤 저항도 받지 않고 주권을 잡게 되었습니다. 그 후 도시는 카르타고의 군대에 의해 두 차례나 포위당했지만 아가토클레스는 이를 무난히 방어해 냈습니다. 뿐만 아니라 부하의 일부를 시 방비에 배치하고 나머지 병력을 이끌고 몸소 아프리카 정벌에 나서, 순식간에 시라쿠사의 포위망을 뚫고 카르타고 군사를 죽음의 경지로 몰아넣었습니다. 카르타고는 화해를 제의하지 않을 수 없었고, 그리하여 카르타고군은 아프리카만을 보유하기로 하고 시칠리아를 아가토클레스에게 넘겨주어야 했습니다.

아가토클레스의 행동와 재능을 세밀히 관찰한 사람이라면 그에게 행운이란 거의 없었다는 사실을 알게 될 것입니다. 위에서 말했듯이 그는 전혀 남의 힘을 빌리지 않고 한 걸음 한 걸음 전진하는 동안에, 여러 가지 난관을 극복하여 종내는 주권을 손에 넣었기 때문입니다. 그는 주권을 장악하기 위해 대담한 모험을 저지른 것입니다. 그러나 시민을 살해하고 친구를 속이며, 신의도 자비도 없고 신앙심도 없는 사람을 덕망이 있다고는 할 수 없습니다. 이러한 방법으로 주권을 손에 넣을 수는 있지만 영예는 얻지 못하는 것입니다.

하지만 위기에 놓였던 아가토클레스가 많은 어려움을 무릅쓰고 이를 극복해 나간 대담성을 생각할 때, 그가 명장이라고 할 만한 인물이 못 된다는 이유는 어디서도 찾아볼 수 없습니다. 그럼에도 그의 잔인무도한 소행으로 인해 아가토클레스는 위인의 명예를 얻기가 어렵습니다. 덕망이 없는 사람을 명사라고 할 수는 없으니 말입니다.

근래의 일로는, 알렉산데르 6세 교황 때의 페르모 시민 올리베르토는 어려서 부친을 잃고 고아가 되어, 외삼촌 조반니 폴리아니 슬하에서 자랐습니다. 젊어서는 파올로 비텔리[25]의 부하가 되어 종군하고, 올리베르토는 이러한 훈련을 쌓아서 장차 무관으로 출세하려고 작정하게 됩니다. 파올로가 처형된 뒤에는 그의 형제 비텔로초 밑에서 오랫동안 복무하게 됩니다. 그는 선천적으로 뛰어난 재능과 강건한 체격, 대담한 용기로써 주권을 잡아 일인자에 오릅니다. 그러자 그는 언

---

25 파올로 비텔리(Paolo Vitelli)는 피렌체의 장군으로서 피사에서 싸운 일이 있는데, 배신 혐의로 1499년 10월 피렌체에서 처형되었다.

제까지 남의 밑에서 있을 수는 없다고 생각하여, 나라의 자유보다 노예 상태를 원하는 페르모 일부 시민들의 후원과 비텔로초의 후원을 받아 페르모 시를 점령하기로 결심합니다. 그리하여 조반니에게 편지를 보내, 자기는 오랫동안 고향을 떠나와 있었으므로 이번에 돌아가 그를 만나 고향을 돌아보며 자기 상속재산도 살펴보고 싶다고 했습니다.

그리고 이어 자기는 오로지 명예 이외에 다른 무엇을 얻기 위해서는 일하지 않았으며, 결코 세월을 낭비한 것이 아님을 시민들에게 보여 주기 위해 친구와 부하 백 명이 말을 타고 호의를 받으며 당당하게 돌아가고 싶다고 말했습니다. 또한 그는 페르모의 시민들도 이에 대한 예절을 갖춰 주기를 바라며, 이것은 오직 자기만을 위해서가 아니라 어렸을 때부터 자기를 길러 준 외삼촌의 명예도 되리라는 점을 밝혔습니다.

그리하여 조반니는 조카가 돌아오는 데 대한 모든 준비를 갖추고, 시민들에게도 정중히 환영해 줄 것을 부탁했습니다. 올리베르토는 외삼촌 댁에서 여러 날 묵는 동안 다음 계략에 필요한 모든 준비를 갖추었습니다. 그는 성대한 연회를 베풀어 조반니 폴리아니를 위시하여 그 시의 유력한 사람들을 초대했습니다. 식사가 끝나고 유흥을 즐긴 올리베르토는 일장 연설을 하여, 알렉산데르 6세 교황이나 그 아들 체사레의 세력이 날로 강대해진다는 사실과 그들의 획책에 대하여 일종의 경종을 울렸습니다.

그러나 이 발언에 대하여 조반니를 위시한 여러 사람들의 반박이 있자, 올리베르토는 곧 자리에서 일어나 이런 이야기는 비밀회의 석상에서나 해야 할 것이라고 말하면서 으슥한 방으로 들어갔습니다. 그러자 조반니를 비롯한 다른 사람들도 그의 뒤를 따랐습니다. 그들이 자리에 앉자마자 잠복해 있던 올리베르토의 병사들은 몰려와 조반니와 그 밖의 무리들을 모조리 죽여 버렸습니다.

이 살육이 끝나자 올리베르토는 부하들을 거느리고 말을 몰아 시내로 들어가 시의 청사를 점령했습니다. 겁에 질린 위원회는 어쩔 수 없이 올리베르토의 명령에 따르며 그를 수뇌로 섬기게 되었습니다. 그를 해칠 만한 불평분자들은 모조리 살해하고 새로운 통치 제도와 병사 제도를 확립하여 일 년 만에 완전히 주권을 손아귀에 넣고 페르모 시에서 확고한 지위를 누리게 되었습니다. 뿐만 아니라 이웃 여러 나라들도 그를 두려워하게 되었습니다. 앞에서도 언급했듯이 그가 세니갈리아에서 오르시니와 비텔로초 비텔리가 체사레 보르자에게 사로잡혔을 때 체사레의 간계에 넘어가지 않았다면, 그처럼 실각하지는 않았을 것입니다. 그는 외삼촌을 살해한 지 1년 만에 지략과 악행의 스승격인 비텔로초와 함께 교살되었습니다.

많은 인사들이 그들의 잔인한 성격 때문에 평시에도 나라를 유지해 나가기가 어려웠고, 비상시에는 말한 나위도 없었습니다. 혹자는 아가토클레스나 그 밖의 이와 비슷한 인사들이 번번이 신망을 잃고 잔인한 일만 저지르면서도 오래도록 안일을 누릴 뿐 아니라 외적을 막아 내고 국민들도 그러한 자들에 대해 반역을 일으키지 않는지를 의아하게 생각할 것입니다. 그것은 잔인성이 제대로 쓰이느냐 악용되느냐의 문제 때문입니다.

악이 제대로 쓰였다는 의미는, 이렇게 말하는 것이 허락된다면, 자신의 안전을 도모하기 위해서 일단 잔인한 수단을 썼지만 다시 되풀이하는 일이 없고 이후에는 신민들을 위해 될 수 있는 한 행복을 도모하는 계략을 세우는 것을 가리킵니다. 선을 악용되는 경우는 처음에는 잔인한 처사를 하지 않았지만 세월이 갈수록 포악해지는 것입니다. 전자의 방법을 취하는 사람들은 예컨대 아가토클레스의 경우같이, 하나님과 인간의 도움을 받아 적절한 구제책을 마련할 수 있습니다. 그러나 후자의 경우는 권력을 유지해 나갈 수 없게 됩니다.

그러므로 한 나라를 장악할 때 그 군주는 자신이 반드시 단행할 수밖에 없는 가해행위에 대해 신중을 기해서, 결코 되풀이하는 일 없이 단 한 번에 그치도록 유의해야 합니다. 이렇게 하여 백성들을 안심시키고 갖가지 혜택을 주어 인심을 수습해야 합니다. 이와 같은 방법을 강구하지 않고 비겁해지거나 정책적인 과오를 범하게 되면 결국 언제나 칼을 들어야 할 처지에 놓이고 맙니다. 신하는 언제 탄압을 당할지 몰라 군주를 믿지 못하게 되고, 군주 역시 이러한 신하를 믿고 일할 수 없게 됩니다.

따라서 폭력 수단은 언제나 단 한 번에 그쳐야만 신하들은 두려움을 잊게 되고, 원망도 덜 받게 됩니다. 또한 백성 전체에게 골고루 혜택이 주어지도록 해야 합니다. 뿐만 아니라 군주는 좋든 나쁘든 언제나 신하와 생활을 같이해야만 유사시에 당황하는 일이 없는 법입니다. 갑자기 사변이 일어나 궁지에 빠졌을 때는 어떠한 형벌도 무익해지며, 전에 베푼 어떤 은총도 무용지물이 됩니다. 사람들은 그것을 부득이하게 베푼 혜택으로 생각하여 조금도 감사하게 여기지 않습니다.

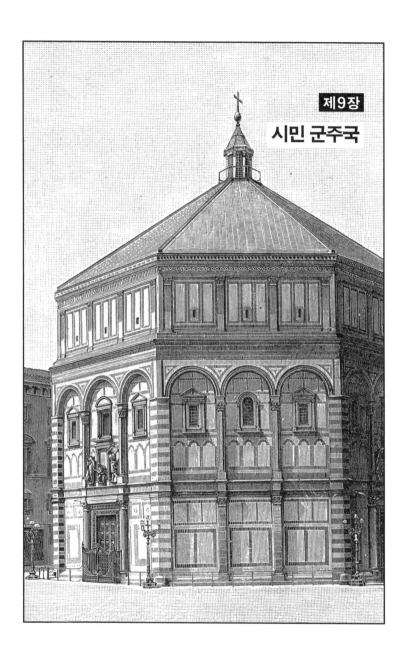

제9장

시민 군주국

두 번째 경우는 한 시민이 불법적인 방법을 취하지 않고 다른 국민들의 환심을 사서 주권자가 되는 것입니다. 이를 시민 군주국이라고 부를 수 있습니다. 여기서는 재물이나 요행은 큰 역할을 하지 못하고, 오히려 행운이 따르도록 하는 교활한 수단이 필요합니다. 이러한 사람은 시민들의 지지나 귀족들의 추대에 의해 군주가 됩니다. 어느 국가에나 귀족의 지배와 압박을 받지 않으려는 평민과 평민을 지배하고 탄압하려는 귀족의 두 계층이 있습니다. 이와 같이 상반되는 두 계층의 욕구로부터 조만간 그 도시에는 군주국, 공화국, 무정부상태 가운데 하나가 빚어집니다.

　군주국은 평민이나 귀족 가운데 어느 한쪽이 이루는 것으로, 어느 계급이 기회를 포착하는가에 달려 있습니다. 귀족이 평민을 감당할 수 없다고 생각하면 그들은 자기 일원의 한 사람을 추대하며 군주로 받들고 뒤에 숨어서 자기들의 야욕을 채우려고 합니다. 동시에 평민

측에서도 귀족에게 대항할 수 없게 되면 그들 속에서 한 사람을 내세워 군주로 삼고 그의 보호를 받으려고 합니다.

그런데 귀족의 추대를 받아서 군주가 된 자는 평민에 의해 군주가 된 사람보다 그 주권을 유지하기가 더 어렵습니다. 왜냐하면 전자의 경우는 그 주위에 군주와 비슷한 사람이 많아서 군주가 마음대로 그들을 조종할 수 없기 때문입니다.

이와는 달리 평민의 지지를 받아 군주가 된 사람은 자유로운 입장에 놓이게 될 뿐 아니라 그 주위에는 복종하려 들지 않는 자가 거의 없고 혹시 있다고 하더라도 그 수는 불과 몇 명 되지 않습니다. 그리고 군주가 공정하게 처리를 해도 귀족들을 만족시키려면 평민들에게 피해가 가는 일이 있는데, 평민은 이를 탓하지 않습니다. 평민의 견해는 귀족들의 견해보다 언제나 공정하여, 귀족들은 억압을 하려고 하지만 평민들은 단지 억압받지 않기만을 바랄 뿐입니다. 또 평민을 적대시하는 군주에게는 그만큼 적의 수가 많아져 결코 안전할 수 없습니다. 하지만 귀족을 적대시하는 군주는 수가 적기 때문에 그만큼 큰 걱정을 할 필요가 없습니다. 군주가 평민을 적대시하면 최악의 경우 평민의 지지를 송두리째 잃게 됩니다.

그런데 귀족이 군주를 적대시할 경우에는 그들이 군주를 저버리는 것을 두려워하지 않으면 안 되며, 동시에 그 대항을 경계해야 합니다. 왜냐하면 그들은 곧잘 앞을 내다볼 뿐더러 교활하여 언제나 자기에게 유리한 기회를 잘 포착하고 이를 이용하며 승산의 기미가 보이는 쪽 편을 들기 때문입니다.

군주는 언제나 평민과 함께 생활해 나가야 하며 귀족들은 없어도 됩니다. 왜냐하면 군주는 자기 마음대로 새로운 귀족을 만들거나 이를 취소할 권한이 있으며, 그들에게 권력을 줄 수도 있고 빼앗을 수도 있기 때문입니다. 이러한 귀족은 두 부류로 나눌 수 있는데, 귀족을 지배하기 위해 군주와 운명을 같이하는 측과 그렇지 않은 측입니다.

군주와 완전히 하나가 되어도 탐욕을 부리지 않는 사람은 존경할 만한 존재이지만, 군주와 하나가 되기를 꺼리는 사람은 다음과 같은 두 가지 방법으로 다루어야 합니다. 그들이 만일 소심하여 선천적으로 용기가 없을 경우에는 사려 깊고 분별 있는 자를 이용하지 않으면 안 됩니다. 그렇게 되면 군주가 권력을 잡았을 때 생색을 낼 수 있으며, 유사시에는 그를 두려워할 필요가 없게 됩니다. 그러나 그들이 어떤 야심을 갖고 의무 수행을 충실히 하지 않는다면 이미 군주를 안중에 두지 않고 자기 이익만을 소중히 생각하고 있다는 증거이므로, 군주는 언제나 이러한 무리들을 경계해야 합니다. 그들은 유사시에는 반드시 군주를 파멸시키는 일을 돕게 마련입니다.

평민의 지지를 받아 군주가 된 사람은 그들과 친밀하지 않으면 안 됩니다. 그들이 바라는 바는 군주가 억압하지 않는 것뿐이기 때문에 이는 쉬운 일입니다. 하지만 평민을 제쳐놓고 귀족의 추대로 군주가 된 사람은 다른 무엇보다 민심을 먼저 수습하도록 노력하여야 합니다. 왜냐하면 탄압을 받으리라고 생각하던 자에게 오히려 혜택을 받게 된다면, 그에 대하여 강한 의리감을 갖게 되기 때문입니다. 대체로 민중의 지지를 받아 군주가 된 사람보다 귀족의 추대를 받은 군주에 대하여 민중은 더 친밀감을 갖게 마련입니다. 군주가 민심을 얻는 길은 여러 가지가 있지만, 환경에 따라 다양하기 때문에 여기서 일정한 법칙을 세울 수 없으므로 생략하기로 합니다.

끝으로 한 가지만 더 언급하고 결론을 지으려고 합니다. 군주는 무엇보다도 먼저 대중을 자기편으로 만들어야만 합니다. 만일 그렇지 않을 경우에는 유사시에 손쓸 여지가 없게 됩니다.

스파르타의 나비스 왕[26]은 그리스와 싸워 승리에 도취된 로마군의 침공에 대비하여 무난히 나라와 지위를 보전해 나갈 수 있었습니다. 그는 위기에 당면했을 때 몇몇 사람에 대해서만 자신의 안전을 유의하면 그것으로 충분했습니다. 그가 만일 민중과 등지고 있었다면 그럴 수 없었을 것입니다. '민중에 의해 주권을 잡은 자는 진흙 위에 집을 짓는 자와 같다'는 낡은 격언을 이용하여 앞에서 서술한 나의 견해를 공박하는 사람이 있을지 모르지만, 그것은 천부당만부당합니다. 평민 출신의 군주가 자신의 권력을 진흙 위에 기반해 세웠을 때 그의

---

26 나비스(Nabis)는 스파르타의 왕으로 필리포스 5세와 합세하여 펠로폰네소스 지방을 공략했지만, 나중에 로마군에게 암살당했다.

적이나 관리들에게 핍박을 당한다면, 그는 민중이 자신을 구하러 올 것임을 당연하게 생각할 것입니다.

예컨대 로마의 그라쿠스 형제[27]나 피렌체의 조르조 스칼리[28]에게 서 볼 수 있는 것처럼, 그들은 언제나 민중에게 기만당했다는 사실을 입증해 주고 있습니다. 군주가 민중에게 뿌리를 박고, 그들을 호령하 며 불운에 굴복하지 않고, 만반의 준비를 갖추어 단호한 결의와 행동 으로 민중을 이끌어 나간다면 그들에게 기만당하지 않을 뿐더러 자기 자신도 확고한 기반 위에 서 있다는 사실을 깨닫게 될 것입니다.

이러한 나라가 민주정치에서 전제정치로 바뀔 때, 군주가 직접 나 라를 다스리거나 여러 각료들을 시켜서 나라를 다스리기 때문에 큰 위험이 따르기 쉽습니다. 더구나 대신을 시켜서 나라를 다스릴 경우 에는 한결 위험도가 높아집니다. 정부는 시민들의 지지를 받아서 이 루어지고 대신은 시민이 임명한 것이기 때문에, 일단 유사시에 그들 이 들고 일어나 반항하면 쉽사리 정부를 뒤엎을 수 있는 것입니다. 이

---

27 그라쿠스(G. Grachus) 형제는 로마의 우국지사였다. 형인 트비리우스는 호민관으로서 빈민 당의 수령이 되어 리키니우스의 법령을 시행했다. 그리고 부호들에게서 국유지를 몰수하여 빈민들에게 나누어 주려 했으나 원로원의 반대로 이행하지 못하고 기원전 133년에 체포되 어 살해당했다. 동생 카이우스는 기원전 123년에 호민관이 되었다. 형의 유지를 따라 곡물 법을 발포하고 정부미를 빈농에게 싼 값으로 팔며, 군대법·배심법 등을 제정하여 국정을 쇄 신하는 동시에 모든 라틴 사람에게 로마의 공민권을 주려다가 원로원과 시민들의 원한을 사 게 되어 피습을 당하자 기원전 121년에 자살했다.

28 조르조 스칼리(Georgio Scali)는 공화당에 대항하여 성공하는 듯 했으나, 투옥된 친구를 구출 하려고 국민군의 집을 습격했다가 시민들의 반감을 사서 실각되었다.

러한 위치에 놓인 군주는 자기의 절대적인 통치권을 행사할 수 없습니다. 왜냐하면 시민들은 늘 대신의 명령을 받았으므로 이런 이변이 일어날 경우에는 군주의 명령에 복종하려 들지 않기 때문입니다.

따라서 초비상시에 군주가 믿을 수 있는 사람은 매우 드뭅니다. 이러한 군주는 평상시에 듣고 본 것을 대상으로 해서는 안 됩니다. 평상시에는 누구나 정부의 요구를 인정하고 각기 군주를 위해 충성하고 죽음도 사양치 않을 듯 보이지만, 그것은 자기들에게 위험이 미치지 않는 한도 내에서일 뿐입니다. 유사시에 희생적인 시민이 몹시 긴요할 때는 그러한 충신이 흔치 않다는 사실을 깨닫게 됩니다. 이러한 경험은 처음과 마지막을 겸하여 당하는 것이므로 더욱 위태롭습니다. 그러므로 현명한 군주는 언제 어디서나 시민들이 진정으로 바라는 군주와 정부는 어떤 것인가를 유의하여, 그들이 항상 군주에게 충성할 수 있도록 배려하지 않으면 안 됩니다.

제10장
군주국의 국력은 어떻게 측정되어야 하는가

이와 같은 군주 국가의 성격을 검토하는 데에는 또 한 가지 고찰해 보아야 할 문제가 있습니다. 즉 군주의 필요에 따라 자립할 만큼 충분한 영토가 있는가, 혹은 언제나 남의 힘에 의지해야 하는가 하는 점입니다. 이에 대해 좀 더 분명히 밝히기 위해 저는 다음과 같이 서술하려고 합니다. 인적자원 및 재정적인 풍부한 여건을 갖추어 어떤 침략자에 대해서도 능히 막을 수 있는 군비를 갖추고 있다면 자립이 가능하지만, 이와 반대로 적과 당당하게 대결할 수 없기 때문에 요새에서 수비만을 해야 하는 군주는 언제나 남의 힘을 빌려야 합니다. 전자에 대해서는 이미 서술했으므로 여기서는 필요에 따라서 나중에 언급하기로 하고, 후자의 경우에 대하여 서술하기로 하겠습니다.

이러한 군주에게 제가 진언할 수 있는 바는, 오직 그 성안의 방비를 견고히 하고 성 밖의 지역에 대해서는 신경 쓰지 말라는 것입니다. 자기가 다스리는 도시에 튼튼한 요새[29]를 구축하고—앞으로 수없이 언급하겠지만—자기의 신하를 잘 다스려 나가면 쉽게 적의 침공을 당하지 않을 것입니다. 왜냐하면 언제나 위험에 대하여 경계하고 방비를 소홀히 하지 않으며, 또 백성의 원한을 사지 않는 군주를 공격하는 것은 쉬운 일이 아니기 때문입니다.

독일의 여러 도시는 완전히 독립적으로 제한된 영토만을 지배하며 매우 자유롭습니다.[30] 그들이 원할 때 황제에게 복종은 하지만 시민들은 황제나 이웃의 어떤 군주도 전혀 두려워하지 않습니다. 독일의 여러 도시는 이를 침범하려면 많은 손실을 보아야 한다고 누구나 생각할 정도로 견고하게 방비되고 있기 때문입니다.

다시 말하면 도시마다 해자와 성벽으로 에워싸고 충분한 포대를 장비해 두며, 창고에는 일 년분의 식량과 음료와 연료가 충분히 비축되어 있습니다. 뿐만 아니라 평민들의 생활도 지원하기 위해 식량이 부족하지 않도록 배려하고, 또한 공적 손실이 초래되지 않도록 도시의 근간인 수공업의 어떤 분야이든 적어도 일 년 분량의 자재를 보유해 아무데서나 종사하는 일이 가능하며 따라서 그들이 먹고 살 수 있는 일자리를 마음 놓고 구하도록 되어 있습니다. 그러므로 견고한 요새

---

29 12세기까지는 도시에 반드시 성곽을 구축했다.
30 마키아벨리는 1507년 신성로마제국의 황제 겸 독일의 왕이었던 막시밀리안(Maximilian) 1세의 동향을 살피기 위해 사신으로 간 일이 있다.

로 방비되어 있는 시를 장악하고 있으며, 백성들의 원한을 사지 않은 군주는 외부로부터의 공격에 안전합니다. 적이 침공해 오더라도 반드시 패배하게 마련입니다.

그런데 세상일은 가변적이어서 일 년 동안 아무 일도 하지 않고 적에게 포위되어 지루한 나날을 보낸다면 어느 누구도 감당하기 어려울 것입니다. 오랫동안 적에게 포위당하는 경우, 시민들이 시외에 재산을 갖고 있어 그것이 전쟁 때문에 타오르는 모습을 보게 되면 그 손실을 참지 못하고 드디어 백성들은 군주를 저버리게 된다고 말하는 사람도 있을 것입니다.

이런 사람들에 대한 나의 답변은 이러합니다. 유능하고 용감한 군주라면 신하들에게 지금 견디고 있는 재난은 오래 지속되지 않을 것이라며 희망을 북돋아 주고, 더불어 적의 복수에 대한 두려움을 상기시킬 것입니다. 한편 위험인물로 보이는 신하에게서 자신을 보호하는 계책을 강구해 두면, 그는 모든 어려움을 이겨낼 수 있을 것입니다.

이로 말미암아 우군의 사기가 충천하여 방위에 전력을 기울이고 있을 때 적이 침공해 온다면, 적들은 제일 먼저 부근의 영토에 불을 질러버릴 것입니다. 하지만 비록 민심이 소란해지더라도 며칠 안 가 안정되고, 전란으로 입게 된 손실이나 재난은 불가피한 데다 당장은 구제할 방도가 없다고 체념하게 됩니다. 따라서 백성과 군주는 더욱 단결하고, 군주도 그 방위를 위해 집과 재물을 약탈당한 백성들에 대하여 큰 책임을 지게 될 것이기 때문입니다. 인간은 자고로 받은 은총에 대하여 의리를 느끼게 마련입니다. 그러므로 이와 같은 사실들을 참작하여, 적에게 포위되었을 때 군주가 충분한 식량을 마련하고 방비를 단단히 하면 민심을 얻는 일은 별로 어려운 것이 아닙니다.

제11장
종교 군주국

여기서는 단지 종교적인 군주국에 대해서만 논의하기로 하겠습니다. 이 군주국과 관련한 어려움은 이를 손에 넣기 전에 있습니다. 그럴 수밖에 없는 것이 주권을 획득하기 위해서는 행운과 실력이 따라야 하지만, 이를 유지하기 위해서는 둘 다 소용이 없기 때문입니다. 왜냐하면 종교 군주국은 옛날부터 신앙에 뿌리를 박고 있는 율법에 의해서 유지되기 때문에 매우 강력하여, 주권자의 생활 태도나 행동에 개의치 않고 능히 유지될 수 있는 성질을 지니고 있습니다.

　오직 이러한 주권자만이 방위 태세를 갖출 필요가 없는 영토를 보유하고 있으며, 통치를 필요로 하지 않는 신하를 갖고 있습니다. 그 영토는 무방비 상태로 두어도 약탈을 당하지 않으며, 신하들은 통치를 받지 않아도 이탈하는 일이 없습니다. 왜냐하면 그들에게는 반항할 의사도 없을 뿐더러 그럴 능력도 없기 때문입니다. 이 같은 나라는 안전하고 행복합니다.

그러나 이와 같은 국가는 인간의 힘으로는 도달할 수 없는 높은 절대자의 권능에 의존하고 있으므로, 여기에 대해서는 논하지 않으려고 합니다. 하나님의 은총에 의해 세워지고 유지되는 국가를 논평한다는 것은 일종의 월권행위이며 어리석은 짓이기 때문입니다. 알렉산데르 6세 교황 이전에는 이탈리아의 제후들, 이른바 주권자라고 칭하는 이들에서부터 낮은 귀족에 이르기까지 교회의 세속적인 권리를 경시하여 왔지만, 오히려 교회는 그 세력을 확대하여 오늘날의 어떤 프랑스 황제는 그 앞에서 아첨을 했습니다.

교회가 끝내 그를 이탈리아에서 추방하고 베네치아인을 파멸시킬 수 있었던 까닭[31]은 도대체 무엇이냐고 묻는 사람도 있을 것입니다. 이에 대해서는 누구나 잘 알고 있겠지만, 매우 중요한 문제이므로 기억을 환기시키는 것도 무의미하지는 않은 일이라 생각합니다.

프랑스의 샤를 왕이 이탈리아에 침입하기 전[32]에 이탈리아는 교황, 베네치아인, 나폴리 왕, 밀라노 공작, 피렌체인 등에 의해 통치되어 왔습니다. 이 권력 집단에는 두 가지 주된 근심이 있었습니다. 하나는 외국에서 군대를 거느리고 이탈리아에 침입해 오지 않을까 하는 것이고 다른 하나는 내부 권력 집단의 어느 한쪽이 영토를 확장하지는 않을

---

31 율리우스 2세 교황은 베네치아를 무찌르기 위해 이웃인 프랑스, 독일과 캉브레 연맹을 맺어 1508년 그 목적을 달성했다.

32 프랑스 샤를 8세의 이탈리아 침입은 역사상의 일대 변혁으로써 그로 인해 기근과 질병이 번졌음은 물론, 국가의 형태나 군사와 전술까지도 일변시켰다.

까 하는 것이었습니다.

그중에서도 가장 염려한 세력은 교황과 베네치아인이었습니다. 페라라[33]의 방어전에서 볼 수 있듯이 베네치아인을 견제하기 위해 다른 모든 도시와 손을 잡아야 했으며, 교황에게 압력을 가하기 위해서는 로마의 귀족들을 이용했습니다. 로마의 귀족들은 오르시니와 콜론나의 두 파로 분열되어 갈등이 계속되었고 교황의 눈앞에서도 무기를 손에 들고 있었습니다. 그들은 언제나 교황의 세력을 약화시켜서 늘 불안해하도록 만들었습니다.

식스투스 4세와 같은 고매한 교황도 있었지만 그의 행운과 지혜로도 이 괴로움에서 벗어날 수는 없었습니다. 교황의 치세가 짧았기 때문입니다. 한 교황이 재위한 기간은 평균 10년으로, 그 동안에 두 파벌 중 한 파벌을 억누르기란 매우 어렵습니다. 한 교황이 설사 콜론나 일족을 타도했다 해도 다음의 교황은 오르시니 일파를 견제했고, 미처 오르시니 파를 제거하기 전에 콜론나 일족이 다시 대두하기 마련이었습니다.

이탈리아에서는 이처럼 교황의 권한을 두려워하지 않았습니다. 그런데 알렉산데르 6세 교황은 경제력과 군사력을 마음대로 휘둘러 교황의 권력이 어디까지 미칠 수 있는지를 완전히 과시했습니다. 그와

---

33 베네치아는 그 세력을 확대하려고 페라라를 노려 식스투스(Sextus) 교황과 결탁했다.

같은 인물은 교황들 중에서 일찍이 유례를 찾아볼 수가 없습니다. 그는 프랑스 군대의 이탈리아 침공을 계기로, 제가 앞에서 공작의 활동과 관련해 말한 바와 같이 발렌티노 공작이 선두에 서 수행하도록 했습니다. 이는 교회 세력을 확대하려는 의도가 아니고 공작의 세력을 증대시키는 데 있었지만, 오히려 교회 세력을 증강하는 결과가 되었습니다.

왜냐하면 교황이 세상을 떠나고 발렌티노가 죽자, 그가 애쓴 보람은 고스란히 교회로 돌아갔기 때문입니다. 율리우스가 교황이 되었을 때는 교회가 로마 전체를 장악하여 로마의 귀족은 그 세력을 잃었고, 한편 그 일파는 알렉산데르 6세의 박해로 말미암아 뿌리가 송두리째 뽑혀 있었습니다. 그리고 알렉산데르 이전에는 볼 수 없었던 축재蓄財의 길도 열렸습니다.

율리우스는 이러한 이점을 이용했을 뿐 아니라 한 걸음 나아가서 볼로냐를 점령하여 베네치아 세력을 타도하고, 이탈리아에서 프랑스 군을 몰아내었습니다. 그는 모든 계획에서 성공을 거두었습니다. 뿐만 아니라 그는 개인의 강화를 위해서가 아니라 교회의 세력 확대만을 위했기에 더욱 큰 명성을 얻었습니다. 그는 오르시니와 콜론나의 두 파를 그대로 묶어 두는 데도 성공했습니다.

그들 중에는 이를 거부하려는 자도 있었지만, 다음 두 가지 사태가 그들을 견제하는 데 작용했습니다. 첫째로 그들은 교회의 강대한 세력을 두려워했고, 둘째로 그들 사이에는 암투를 일으키는 큰 원인이 되는 추기경을 갖고 있지 못했습니다. 그래서 그들 속에서 추기경을 선출할 때는 반드시 갈등이 일어났습니다. 그럴 수밖에 없는 것이 추기경들은 저마다 시 안팎에 자기의 도당을 조직하여, 로마의 제후들은 그들을 수호하지 않으면 안 되는 형편에 놓이게 되었습니다. 성직자들의 이러한 야심이 제후들 사이에 암투와 파쟁을 일으키기도 했습니다. 교황 레오 10세의 존칭이 굉장한 것도 이 때문입니다. 비록 다른 교황들은 무력으로 교권을 확대했다고 하더라도, 레오 10세 성하는 자비와 선행으로 교회가 더욱 부강해지고 아울러 존경받기를 바라 마지 않았습니다.

제12장
군대의 종류와 용병

제가 처음부터 논했던 군주국의 성질에 대해서는 그 일장일단을 상세히 서술하고 강해지거나 약해지는 이유를 분명히 했으므로, 여기서는 다만 군주가 명심해야 할 공격과 방어의 수단에 대하여 일반적인 설명을 하고자 합니다.

군주는 누구나 우선 튼튼한 기반을 쌓아야지 그렇지 않으면 몰락을 면할 길이 없다는 점은 이미 설명했습니다. 모든 국가—신흥국가건 오래된 국가건, 복합 국가건 간에—가 반드시 닦아야 할 기반은 훌륭한 법률과 강력한 군대입니다. 훌륭한 법률이 없는 나라에 강력한 군대가 있을 수 없고, 또 강력한 군대가 있는 곳에는 반드시 훌륭한 법률이 생기게 마련입니다. 법률에 관해서는 나중에 이야기하기로 하고, 여기서는 군사 문제에 대해서 언급하기로 하겠습니다.

주권을 장악한 자의 영토를 지키는 군대는 사병이거나 용병이거나 원군이거나 연합군입니다. 용병과 원군은 백해무익한 것으로 이들을 기반으로 하여 세워진 나라는 튼튼치 못하고 안전하지도 못합니다. 왜냐하면 그들은 단결심 없이 야심만 많으며, 규율이 문란하고, 충성심이 희박하여 우군 앞에서는 용감하지만 적군을 맞으면 비겁하기 짝이 없고, 신을 두려워할 줄 모르며 사람에 대한 신의가 없습니다.

따라서 군주는 침략을 당하지 않는 경우에만 파멸에서 벗어날 수 있습니다. 군주는 평시에는 용병에 의해 약탈을 당하고, 전시에는 적의 침략을 받기 때문입니다. 용병이 자진하여 전지에 나가 싸우는 이유는 오직 몇 푼 안 되는 보수 때문인데, 이것만으로는 그들로 하여금 목숨을 내걸고 싸우게끔 할 수는 없습니다. 그러므로 용병은 평상시에는 거의가 우군이지만 일단 전투가 벌어지면 도망치게 마련입니다.

이 사실은 손쉽게 찾아볼 수 있습니다. 이탈리아가 패망한 것은 용병에게 너무 오랫동안 의지해 왔기 때문입니다. 이 군대는 일부 인사들에게 잠시 동안 쓸모가 있기도 했고, 실제로 상당히 용맹을 발휘하기도 했으나, 외국군이 이탈리아에 쳐들어오면서부터 현재 우리가 보는 바와 같은 꼴이 되고 말았습니다. 프랑스 왕 샤를은 백묵 하나로 능히 이탈리아를 점령할 수 있었던 것입니다.[34] 그 원인은 오직 이탈리아인에게 있었다고 말하는 사람이 있는데 이는 사실입니다. 이런 잘못은 용병을 믿었다는 데 이유가 있다기보다는 용병이란 그럴 수밖에

---

34 프랑스군 장교가 이탈리아로 진군하면서 아무런 저항을 받지 않고 숙소마다 백묵으로 표식을 했고, 승전은 이것만으로도 증명되었다.

없는 존재라는 점에 있습니다. 그 원인은 주권자에게 있으므로 그는 당연히 책임을 져야 합니다.

저는 용병이 못 미더운 존재라는 점에 대하여 더 분명히 말하고자 합니다. 용병의 대장은 으레 유능한 군인 아니면 유능하지 못한 군인입니다. 만일 유능한 자라면 요주의 인물인데, 왜냐하면 그들은 군주를 억압하거나 군주의 뜻을 무시하고 자기 세력을 확대하고자 할 것이기 때문입니다. 한편 그 대장이 무능한 자라면 십중팔구는 군주가 파멸을 면치 못하게 됩니다.

이것은 비단 용병에게서만 볼 수 있는 일이 아니라 어느 군대에서나 흔히 있는 일이라고 말하는 자가 있다면 저는 이렇게 대답할 것입니다. 군대는 반드시 군주나 국가에 봉사해야 하며, 군주는 친히 지휘권을 쥐고 전쟁터에 나가 전투를 감독해야 합니다. 그리고 국가는 반드시 자국민을 총사령관으로 파견해야 하며, 만일 그가 무능한 자라면 교체하고 유능하다면 국법으로 제재를 가해 월권행위를 하는 일이 없도록 해야 합니다.

경험에 의하면 군주국이나 공화국이라 하더라도 자기 군대를 충분히 보유하고 있어야만 견고한 성공을 거둘 수가 있으며, 외국 군대에 의존하고 있는 나라에 비해 어느 한 사람의 의사로 손쉽게 좌지우지되지 않았습니다.

로마와 스파르타는 무장을 튼튼히 하고 있었으므로 오랫동안 자유국을 유지할 수 있었으며, 스위스는 강력히 무장하고 있었으므로 국민들이 자유로운 생활을 할 수 있었습니다. 옛날에 용병을 사용한 예를 들면, 카르타고는 첫 번째 로마와의 전투가 끝난 뒤 용병에 의해 거의 전멸 상태에 이르렀는데, 그 우두머리가 카르타고 사람이었음에도 정복당할 뻔했습니다. 테베인들은 에파미논다스가 죽은 뒤 마케도니아의 필리포스를 대장으로 추대했으나, 필리포스는 승리를 거둔 다음 테베인들의 자유를 빼앗아 버렸습니다.[35]

밀라노 시민들은 필리포스 공작이 죽자 프란체스코 스포르차를 맞아 베네치아의 침략에 대비했습니다. 프란체스코는 카라바조의 전쟁에서 승리를 거두고는 자신을 고용한 밀라노 시민들을 정복하기 위해 적과 손을 잡았습니다. 그의 부친 스포르차는 본래 나폴리의 조반나 여왕을 배반하고 군대의 무장해제를 단행했으므로, 그녀는 나폴리를 계속 보전하기 위해 부득이 아라곤 왕의 자비에 의지할 수밖에 없었습니다.[36]

이와 달리 베네치아와 피렌체는 용병의 힘으로 그 판도를 넓혔으나, 용병 대장들이 주권을 잡지 못하고 굳게 지켜 나갈 수 있었던 까닭

---

35 이 대목은 사실과 다르다.

36 스포르차가 조반나 여왕(1414~1435)에게 반기를 든 것은 1426년의 일이다. 그녀는 부친의 사후 왕위 계승문제로 남편과 불화가 계속되었는데, 용병 대장 스포르차의 배신으로 고립 상태에 빠져 할 수 없이 아라곤 왕과 양자 결연을 맺어 왕권을 이양하고 그 보호를 받았다. 아라곤 왕은 알폰소 5세를 말한다.

은 그들의 행운 때문입니다. 왜냐하면 그 장성들이 거사를 두려워하기도 했지만, 어떤 사람은 군사적 승리를 이루지 못했고 어떤 사람은 경쟁자에게 짓밟혔으며 또 어떤 사람은 자신의 야심을 다른 곳으로 돌렸기 때문입니다. 가령 조반니 아쿠토는 승전에 공로가 없었기 망정이지, 그가 전공을 세웠다면 피렌체인들은 그의 지배 아래 들어가게 되었을 것입니다. 스포르차 가문은 언제나 브라체시 가문과 반목하고 서로 견제했으므로 프란체스코는 롬바르디아에 야심을 품고, 브라체시는 교회와 나폴리에 야망을 품었습니다.

여기서 얼마 전에 언급한 사건을 돌이켜보도록 하겠습니다. 피렌체인은 파올로 비텔리를 기용해 지휘관으로 삼았습니다. 이 사람은 매우 용의주도하여 일개 서민으로부터 출세해 최대의 명성을 얻게 되었습니다. 만일 그가 피사를 침공했다면 피렌체인들은 그의 명령에 따수밖에 없었으리라는 점은 누구도 부인하지 못할 것입니다. 만일 대담한 그가 적의 용병이 되었다면 피렌체인들은 속수무책이었을 것이며, 그렇다고 그대로의 지위에 머물게 한다면 피렌체 시민들은 그에게 복종해야 함을 뜻했기 때문입니다.

베네치아인의 성장을 고찰하면, 군대를 동원하여 전쟁을 치르는 동안에는 눈부신 활약을 하고 본토에서 그들의 계획을 펼치기 전에는 귀족과 서민으로 편성된 군대가 빛나는 공적을 올렸습니다. 하지만 일단 본토에서 싸움이 벌어지자, 그 용맹의 미덕을 완전히 잊어버리고 이탈리아의 풍습을 따르게 되었습니다. 베네치아인이 대륙에 세력을 확대시키고 있을 무렵 영토는 그다지 넓지 않았지만, 명성을 세상에 떨치고 있었으므로 용병 대장에 대하여 별로 두려워할 필요는 없었습니다.

그러나 카르마뇰라를 대장으로 추대하여 판도를 확장하기 시작했을 때 그들은 비로소 그 잘못을 깨닫게 되었습니다. 베네치아인은 그의 지휘 아래 밀라노의 공작을 침공했으므로 그가 매우 뛰어난 장군임을 알게 되었지만, 한편 그가 전쟁을 냉담한 태도로 수행한다는 사실도 알아차렸습니다. 그는 승리를 탐탁히 여기지 않았으므로 그의 진두지휘로는 앞으로도 계속해서 승리를 기대할 수 없게 되었습니다. 그렇지만 지금까지 평정한 영토를 잃을까 우려되어 그를 해고할 수도 없었습니다. 베네치아인들은 망설이던 끝에 결국 그를 죽여 버리는 수밖에 없었습니다.

그가 죽은 뒤에 바르톨롬메오 다 베르가모[37]를 비롯해서 로베르토 다 산 세베리노[38], 피틸리아노[39] 백작 등을 지휘관으로 맞이했으나 이 장군들이 수행한 전쟁에서는 승리보다도 이미 가진 것을 지킬 수 있

---

37 베네치아를 위해 싸운 공로로 보병 사령관이 되었다가 카라바조의 싸움에서 참패하고 1475년에 사망했다.
38 베네치아의 장군으로 1482년 페라라를 침공해 싸웠으며, 1487 오스트리아와의 싸움에서 전사했다.
39 베네치아의 장군으로 바일라 전쟁에 참가했다. 1487년 사망.

는가를 더욱 두려워했습니다. 가령 바일라에서의 싸움처럼, 베네치아는 여기서 800년(697~1509)에 걸친 막대한 노고로 얻은 땅을 하루아침에 잃어버리고 말았던 것입니다. 용병의 힘으로 거두는 승리란 매우 느리고 거의 눈에 띄지 않을 정도이지만, 잃어버리는 것은 순간처럼 갑작스러워 어리둥절할 정도입니다.

오랫동안 용병에 의해 유지되어 온 이탈리아의 상황에 대하여 실례를 들어 이야기했지만, 용병의 기원과 발전상을 알아보고 그 잘못을 시정하기 위해, 좀 더 깊숙이 파고들어 서술하려고 합니다.

우리가 명심해야 할 점은 근래에 황제의 권력이 쇠퇴하기 시작하면서, 교황이 세속에서의 지위를 강화하여 이탈리아가 여러 판도로 분열되었다는 사실입니다. 일찍이 황제의 도움으로 시민을 압박하던 귀족들에 대항하여 큰 도시들은 거의가 군비를 갖추게 되었으며, 세속 권력을 강화하려던 교회는 이들과 손을 잡았습니다. 그 밖의 여러 도시에서는 시민 가운데 한 사람이 군주가 되었습니다.

그리하여 이탈리아는 거의가 교회의 수중에 들어가게 되었고 나머지 도시는 공화국에 예속되었는데, 교회의 수도사나 시민들은 전쟁에 익숙하지 못해 외국 군대를 고용하기 시작했습니다. 용병으로서 맨 처음 이름을 떨친 이탈리아인은 로마 출신 알베리고 다 코니오[40]였습

---

40 알베리고 다 코니오는 14세기 후반 이탈리아 내란이 심할 무렵, 사방에 흩어진 이탈리아군을 모아 재훈련을 시켜 성 조르조단을 조직했다. 그리고 1439년 교황 울바노 6세를 위해 부

니다. 그의 밑에서 훈련을 받은 사람들 가운데 특히 브라체시와 스포르차가 유명하며, 당시 그들 두 사람 다 이탈리아의 사령관이 되었습니다. 그 후에 용병 대장이 이탈리아군을 지휘하게 되었는데, 그것이 오늘까지 이르고 있습니다.

이탈리아는 용병이 우수했으므로 샤를에게 유린되고[41], 루이에게 약탈을 당했으며[42], 페르난도의 말발굽에 짓밟히고[43], 스위스에게 굴욕을 받았던 것입니다. 용병들은 언제나 자기의 명성을 떨치기 위해 우선 보병대를 거세했는데 그들이 이렇게 하는 까닭은 다음과 같습니다. 용병 대장들은 나라 없이 봉급에만 의존해야 했으므로 많은 병력을 휘하에 거느릴 수 없었고 그렇다고 얼마 안 되는 병력으로는 그들이 원하는 세력을 확보할 수가 없었기 때문에, 부득이 기병대를 위주

───────────

레튼단과 싸워 승리했으므로 교황은 그에게 '외래로부터 이탈리아를 구출했다'는 깃발을 주어 표창했다.

41 프랑스 왕 샤를은 영국, 독일, 스페인과 화해하고 1494년 3월 6만의 정병을 이끌고 이탈리아에 침입하여 알프스를 넘어 파죽지세로 남하했다. 이에 앞서 피렌체의 피에로는 왕에게 굴복해 요새를 내주고 많은 배상금을 약속했다. 그러자 피렌체 시민들이 항거하여 피에로를 추방한 다음, 사전에 힘써 화해가 성립되었다. 프랑스군은 로마에 입성하고 교황은 도망했으므로 샤를이 그곳의 독재자가 되었다.

42 프랑스 왕 루이 12세가 베네치아와 동맹을 맺고 밀라노를 점령하자 시민들은 이에 불복하고 전 영주인 모로를 받들어 항전에 힘썼으나, 스위스의 배신으로 패망했다. 모로는 체포되어 프랑스의 감옥에서 변사를 당하고, 이탈리아는 다시 프랑스와 스페인 연합군에 유린되었다.

43 스페인 왕 페르난도는 권모술수에 능하여, 샤를 8세가 나폴리를 점령한 1495년에 나폴리를 도와 프랑스군을 몰아내고 이탈리아 침략의 계기로 삼았다. 1500년에는 루이 왕과 화해하고 나폴리를 분할하여 두 침략자들 사이를 이간시켜 프랑스 세력을 추방하고, 스페인 세력을 키웠다. 이후 독일, 프랑스 교황 등과 모의하여 베네치아를 분할하고 나폴리를 점령했다.

로 거느리고 명성을 유지해 나갈 뿐이었습니다.

그리하여 총병력 2만 명 중에서 보병은 겨우 2천 명도 되지 못하는 형편이었습니다. 특히 그들은 대장에서부터 졸병에 이르기까지 위험과 노고를 피하기 위해 갖은 수단을 강구했으며, 전지에서 살해되지 않고 붙잡히면 석방에 대한 몸값을 요구하지도 않았습니다. 그리고 밤에는 시나 성을 습격하지 않고, 반대로 포위되어 공격당할 때는 반격하지 않으며 진지 주위에는 방책이나 참호를 설치하지 않도록 했습니다. 이는 모두 그들의 전술로서 인정되었는데, 앞에서도 언급했듯이 그들의 노고와 위험을 회피하기 위해 창안되었던 것입니다. 이리하여 그들은 이탈리아를 굴욕적인 노예 상태로 몰아넣었습니다.

제13장

원군, 혼성군, 국민군

어떤 주권자가 이웃의 군주에게 자기를 보호해 달라고 요청했을 경우, 이를 받아들여 파견하는 원군이라는 이름의 유해무익한 군대가 있습니다. 예컨대 근래에는 율리우스 교황의 경우가 그렇습니다. 그는 페라라에서 거사할 때[44] 용병에 의해 쓰라린 일을 겪고, 이 원군을 요청했습니다.

　그리하여 스페인의 왕 페르난도의 기병과 보병을 파견하여 교황을 지원하는 협약이 성립되었습니다. 이러한 군대는 파견한 측에서 보면 편리하고 타산도 맞는 일이지만, 불러들인 군주 입장에서 보면 언제나 해롭습니다. 왜냐하면 싸움에 패하면 물론 그만큼 자신의 손실이지만, 승리를 거두더라도 군주는 그들의 지배 아래 놓이기 때문입니다.

　이와 같은 실례는 지난날의 역사에서 얼마든지 찾아볼 수 있으나,

44　교황은 프랑스와 싸우기 위해 1511년 신성동맹을 맺었는데, 거기에는 교황이 페라라를 점령한다는 밀약이 포함되어 있었다.

근래의 경우인 율리우스 2세가 보여 주는 예로 만족하겠습니다. 교황은 오직 페라라를 점령하려는 생각으로 자진해서 이방인의 손에 운명을 맡겨 버렸던 것입니다. 그러나 돌발 사고가 일어나 그의 어리석은 계획이 다행히 수포로 돌아가게 되었습니다. 즉, 그의 원군이 라벤나에서 크게 패하자 스위스가 그 승리자를 몰아내었으므로[45], 교황은 물론 아무도 예상하지 못한 사태가 벌어져 포로의 신세를 모면하고, 예기치 않은 군대에 의해 승리를 거두어 지배될 일도 없었습니다.

피렌체는 자기 군대가 전혀 없었으므로 프랑스군 약 1만을 고용하여서 피사를 공략하려고 했는데, 이때의 위험은 일찍이 상상하지 못한 것이었습니다. 콘스탄티노플의 황제는 이웃 나라에 대항하기 위해 1만 명의 튀르크 군대를 그리스에 불러들였는데, 전쟁이 끝나도 튀르크군은 철수를 거부했습니다. 그리스가 이교도의 지배를 받게 된 것은 이때부터의 일이었습니다.

그러므로 승리를 원치 않는 자가 있다면 이런 원군에 의지하면 좋을 것입니다. 원군의 폐해는 실로 용병과 비교가 되지 않습니다. 용병은 좀처럼 단결이 되지 않고, 고용주에게서 급료를 받으며, 지휘관으로 임명된 자가 항거할 만큼 큰 세력을 보유하려면 단시간에는 되지 않으므로 설사 용병으로 전쟁에 이겼다 하더라도, 그들에게서 해를 입으려

---

45 교황의 연합군은 프랑스에 대패했으나, 스위스군 2만이 프랑스군을 추방했다.

면 아직 많은 시간 여유가 있어야 합니다. 요컨대 용병이 가진 위험성은 비겁한 데 있으며, 원군이 가진 위험성은 용감한 데 있습니다.

따라서 현명한 군주는 언제나 이런 원군에 의지하는 일을 피하고 본국의 군대를 이용했습니다. 외국의 군대로 승리하느니 차라리 자기 나라 군대에 의해 패배하는 편을 택할 일입니다. 남의 군대에 의해서는 참된 승리를 거둘 수 없음을 알았기 때문입니다.

이 점에 대해서 저는 주저하지 않고 체사레 보르자의 예를 들고자 합니다. 공작은 프랑스군으로 조직된 원군으로 로마냐에 쳐들어가 이몰라와 포를리를 점령했는데, 그는 원군이 믿을 존재가 못된다는 사실을 깨닫고 용병으로 바꾸었습니다. 그렇게 하는 편이 오히려 안전하다고 믿음에서 오르시니와 비텔리를 고용했습니다.

그러나 곧 그들도 믿을 수 없다는 것을 알고 자기 군대에 의지하게 되었습니다. 공작이 프랑스의 원군을 보유하고 있을 때의 세력과, 오르시니와 비텔리 용병의 힘을 빌렸을 때의 세력과, 스스로의 힘과 본국의 병력에 의지해 얻은 명성과의 차이를 견주어 보면 곧 알 수 있습니다. 공작이 그 산하에 있는 군대를 완전히 장악하고 있음을 자타가 공인했을 때처럼 위세가 당당한 적은 없었습니다.

저는 근래에 이탈리아에서 일어난 실례를 들어 이야기하고 싶지만, 전에도 언급한 시라쿠사의 히에로 왕을 말하지 않을 수 없습니다. 이미 말한 바와 같이 그는 시라쿠사인들의 추대로 대장이 되었을 때, 이탈리아의 용병처럼 고용된 그 군대가 아무 이익도 될 수 없다는 사실을 알았습니다. 그렇다고 해산하는 일도 불가능해 보여 그는 이들을 모조리 참살해 버렸습니다. 그러고 나서 히에로 왕은 자기 병사들만 거느리고 싸우면서 외국 군대를 사들이는 제도는 폐지했습니다.

저는 이와 비슷한 경우를 구약성서에서 찾아보려고 합니다. 다윗이 팔레스타인의 용사 골리앗을 상대로 싸울 것을 사울 왕에게 제의하자 사울은 그의 용기를 북돋아 주기 위해 자기의 무기와 갑옷을 사용하도록 했습니다. 그러나 다윗은 그 갑옷을 한번 몸에 걸쳐 보더니, 자기에게는 쓸모가 없으니 갖고 있는 돌창과 단검으로 대적하겠다고 말하며 사울 왕에게 되돌려주었습니다. 남의 갑옷은 흘러내리거나 너무 무겁거나 꽉 조여 짐이 되기 때문입니다.

루이 11세의 부친 샤를 7세는 행운과 무력으로 프랑스를 영국의 지배에서 벗어나게 했습니다.[46] 이때 그는 자기 군대를 철저히 무장시킬 필요를 깨닫고 나라에 기병과 보병으로 이루어진 군대를 편성했습니다.

하지만 아들 루이는 보병을 폐지하고 스위스의 군대를 고용했습니다. 그 후 역대 왕들이 이와 같은 실책을 이어받으면서 이윽고 위기가 닥치는 원인이 되었습니다. 루이 왕이 스위스군의 지위를 높여 준 일

---

46 백년전쟁은 1453년에 끝났고, 프랑스는 영토를 남에게 잃은 적이 없다. 그러므로 이 내용은 정확하지 못하다.

은 둘째 치고, 보병을 전폐하고 기병은 외국 군대의 지배 아래 두니 프랑스 국민군이 약해진 까닭입니다. 이는 그가 스위스군과 합세해서 싸우는 데 익숙해져서, 그들 없이는 승산이 서지 않았기 때문입니다.

그리하여 프랑스는 스위스에 대항할 수 없게 되었으며, 스위스군의 도움이 없이는 다른 나라와 맞서 싸울 엄두를 내지 못했습니다. 그래서 프랑스는 일부는 용병이고 일부는 국민군으로 구성된 혼성군을 갖게 되었습니다. 이와 같은 군대는 전부 용병이나 원군으로 편성되어 있는 경우에 비하면 훨씬 우수하지만, 전부 국민군으로 되어 있는 경우보다는 매우 열등합니다. 프랑스의 실례로 충분할 텐데, 만일 프랑스가 샤를이 창설한 병역제도를 지켜 나갔던들 프랑스는 오늘날 세계에서 제일 강한 나라가 되었을 것입니다.

그러나 인간이란 언제나 생각이 모자라서, 처음에 느낀 그럴싸한 맛에 도취되면 그 뒤에 숨어 있는 독을 알아차리지 못합니다. 이는 마치 전에 이야기한 소모열과 같은 것입니다. 그러므로 재난이 닥치기 전에 깨닫지 못하는 군주는 현명한 군주라고 할 수 없습니다. 그렇지만 실상 선견지명이 있는 통치자는 매우 드뭅니다.

우리가 로마제국이 쇠망한 자취를 더듬어 보면, 고트족을 용병으로 고용한 데서부터 시작되었음을 알 게 될 것입니다.[47] 이것을 계기로

---

47 고트족 용병은 376년부터 채용했으며, 그중 테오도시우스 황제가 가장 많은 용병을 고용했다.

로마제국의 세력은 점점 쇠퇴하여 위대한 덕성은 모조리 고트인에게 옮겨 가 버렸습니다.

그래서 저는 다음과 같은 결론에 도달하게 되었습니다. 즉 자기 군대를 갖고 있지 못한 군주는 나라의 안전을 도모할 수 없으며, 따라서 일단 역경에 처하면 스스로 방위할 힘이 없어 요행을 바라게 됩니다. '자기 힘에서 비롯되지 않은 권세와 명성만큼 미덥지 못하고 허망한 것은 없다'는 격언[48]은 선현이 언제나 길을 밝혀 준 말입니다.

자기의 군대란 국민과 신하, 또한 그 세력권에 예속된 백성들로 편성된 군대이며 용병이나 원군은 자기 군대가 아닙니다. 제가 앞에서 언급한 네 가지 선례를 잘 생각해 보고, 알렉산드로스 대왕의 아버지 필리포스를 비롯한 다른 군주와 많은 공화국들이 군비를 어떻게 마련했는지 잘 살펴본다면 자기 군대를 조직하는 방법은 쉽게 알 수 있을 것입니다. 저는 이 제도에 전폭적인 경의를 갖고 있습니다.

---

48 타키투스의 말.

제14장

군사에 관한
군주의 의무에 대하여

군주는 군대의 전쟁과 전술 및 훈련 이외에는 다른 무엇에도 뜻을 두어서는 안 되며, 그 밖의 어떤 것도 임무로 삼아서는 안 됩니다. 이는 주권자의 유일한 사명이기 때문입니다. 그러한 효력은 세습적인 군주에게 지위를 보장해 주며, 일개 평민을 군주의 자리에 앉히기도 합니다.

이와 달리 군비보다 안일에 더 힘을 기울이는 군주들이 그 나라를 잃었다는 것은 만인이 알고도 남는 바입니다. 나라를 잃는 가장 큰 원인은 이 이치를 소홀히 하기 때문이며, 나라를 얻는 까닭은 이 이치를 명심하기 때문입니다.

프란체스코 스포르차는 군비를 튼튼히 했기 때문에 서민의 신분에서 밀라노의 공작이 되었습니다. 그런데 그의 후손들은 무장을 튼튼히 갖추는 번거로움을 회피했기 때문에 공작의 자리에서 평민으로 전

락했습니다.[49] 군비가 부실하여 생기는 재난 가운데 특히 사람들의 경멸거리가 되는 것이 있습니다. 이는 군주가 조심스럽게 경계해야 하는 불명예스러운 일로서, 이에 대해서는 나중에 이야기하려고 합니다.

군비를 갖춘 군주와 그렇지 못한 군주는 비교할 수 없을 만큼 큰 차이가 있습니다. 전자가 후자에게 복종할 리가 만무하고, 후자가 전자 앞에서 무사하리라고 기대하는 것은 이치에 맞지 않습니다. 군주를 멸시하는 신하와 신하를 믿지 못하는 군주가 손발이 맞을 리가 없기 때문입니다. 앞에서도 말했지만 군비를 소홀히 하는 군주는 모든 불행이 일어나기에 앞서 그 부하 장병들로부터 존경을 받지 못하며, 군주도 역시 부하를 믿지 못하는 것입니다.

군주는 전투 훈련을 늘 염두에 두어야 합니다. 여기에는 두 가지 방법이 있는데 하나는 훈련이고 또 하나는 정신 무장입니다. 훈련에 대해서는 무엇보다도 무장을 정비해야 하고, 그 외에 자주 사냥을 나가 육신을 단련하며 고난을 극복하는 인내심을 길러야 합니다. 한편 그리하여 그 지역의 지리, 즉 산의 기복이나 골짜기의 형태, 평원의 넓이며 하천과 습지의 특징 등에 이르기까지 잘 알아 두어야 합니다. 군주는 이 모든 것에 세심한 주의를 기울여야 합니다.

이와 같은 지식은 두 가지 의미에서 유용합니다. 첫째로 자기 나라

---

49 루도비코는 1500년에 나라를 잃었고, 막시밀리안은 1512년 나라를 수복했으나 3년 만에 스페인에 예속되었다.

지리에 정통한 군주는 그만큼 방비를 튼튼히 할 수가 있으며, 다음으로 그 지역에 대한 예비지식과 관찰에 의하여 다른 지역의 사정도 잘 이해하게 됩니다. 가령 토스카나 지방의 산마루며 골짜기, 평야, 하천, 습지 등은 다른 고장의 그것과 유사한 데가 많으므로 한 국가에 대한 지식을 가지면 이웃 나라의 형편을 미루어 알 수 있습니다. 따라서 이 방면의 지식이 없는 군주는 훌륭한 지도자로서의 첫 번째 자격이 부족한 것입니다. 군주가 적의 동태를 잘 파악하고, 진지를 유리하게 택하며, 군대를 훌륭히 통솔하고, 계획을 빈틈없이 세우는 등 전세를 우군에게 유리하게 이끌어 승리를 얻으려면 이와 같은 지식이 꼭 필요하기 때문입니다.

아카이아인들의 지도자 필로포이멘[50]은 역사가들이 한결같이 칭송하여 마지않는 바이며, 평화로운 시기에도 군사전략 이외에는 무엇도 염두에 두지 않았습니다. 특히 다음과 같은 이야기가 전해집니다. 그는 가령 친구들과 같이 지방에 가면 종종 발길을 멈추고 그들에게 말을 건넸습니다.

"만일 적이 저 언덕에 나타나고 아군은 여기에 진을 쳤다면, 어느 편의 지세가 더 유리하겠는가? 어떻게 하면 진형을 분산시키지 않고 적을 공격할 수 있겠는가? 그리고 우리 군대가 후퇴하려면 어떻게 해

---

50 필로포이멘 왕은 기원전 253~183년에 재위했다.

야 하고, 적이 퇴각하면 어떻게 추격해야 하는가?"

그는 이렇게 앞으로 다가올 전투에서 봉착할 수 있는 모든 문제를 제시하여 그들의 견해를 묻기도 하고 자기 의견을 말하기도 했으며, 또 이치를 따져서 이를 입증하기도 했습니다. 이와 같이 언제나 전투를 가상하고 검토한 결과, 전투에 임했을 때 그가 대처하지 못해 궁지에 몰리는 긴급한 사건은 벌어지지 않았습니다.

한편 지적 훈련에서는 군주가 역사를 통독하여 위인들의 행적을 연구해 보고, 그들이 어떻게 전쟁을 이끌어 나갔는지 잘 살펴보아서, 승패의 원인을 알고 패배의 원인은 피해야 합니다. 군주는 그 업적과 처신을 배우고 항시 마음속에 새겨 두어야 합니다. 위인들 역시 전에 이름을 남기고 세상에서 칭송을 받는 선인들을 거울삼아 모범으로 삼고 그 행적을 기록해 두었던 것입니다. 가령 알렉산드로스 대왕은 아킬레우스[51]를 본받고, 카이사르는 알렉산드로스 대왕을 본받고, 스키피오[52]는 키루스[53]를 본받았다고 합니다. 크세노폰[54]이 쓴 키루스 왕의 전기를 본 사람이라면 누구든지 스키피오의 생애에 일관된 결백, 친절, 자비, 관용이 키루스의 인품과 일치되어 있음을 알게 됩니다. 이로

---

51 호머의 『일리아드』에 나오는 그리스의 용사로 트로이 전쟁에서 활약했다.
52 로마의 명장으로 포에니 전쟁 때에 카르타고를 무찌르고 전쟁을 종식시켰다.
53 메디아 왕국을 멸하고 페르시아를 통일한 왕으로, 피정복 민족의 제도와 종교를 존중하는 관용을 베풀었다.
54 그리스의 무인이자 작가로서 종군기 『아나바시스』를 저술했다.

미루어 보아 스키피오가 얼마나 키루스를 본보기로 삼았는지 알 수 있습니다.

현명한 군주는 이러한 도리를 명심하여, 평소에 허송세월하지 말고 유사시에 대비할 계책을 세워야 합니다. 그리하여 아무리 불우한 운명이 닥쳐오더라도, 그의 지혜를 잘 이용해서 곧 항거하고 곤경에서 벗어날 준비가 되어 있음이 드러날 것입니다.

제15장

군주가 칭송받거나 비난받는 원인들

이제 군주된 자가 수호자로서 신민이나 친구(동맹)를 어떻게 대해야 할 것인가 하는 문제를 살펴보려고 합니다. 그런데 이 점에 대해서는 이미 많은 사람들이 서술했으므로 제가 다시 논하게 되면 다른 사람들의 견해와 달라서 많은 빈축을 사게 되겠지만, 이를 이해하는 분에게는 반드시 도움이 될 것 같아 사실에 치중하여 이야기하고자 합니다.

　세상 사람들은 대체로 눈으로 볼 수도 없고 실제로는 있지도 않은 공화국이나 군주국을 머릿속에 그려 보는 경향이 있습니다. 그러나 현실 생활과 이상적 생활의 상상 사이에는 상당한 거리가 있습니다. 현실 생활을 돌보지 않을 때에는 자신의 생존을 유지할 수 없을 뿐더러, 파멸을 재촉하는 결과를 가져오는 법입니다. 왜냐하면 인간은 이상적이라고 생각되는 것을 일일이 실천해 보려고 하는 동안에 많은 악인들 사이에서 함정에 빠지기가 일쑤이기 때문입니다. 그러므로 군주는 자기의 지위를 확보하기 위해서는 악도 행할 줄 알아야 하며, 경우에 따라서는 선을 취하기도 하고 버리기도 할 필요가 있습니다.

저는 여기서 머릿속에 그리는 주권자에 대해서는 잠시 덮어 두기로 하고, 실재 인물에 대하여 말하고자 합니다.[55] 흔히 사람들은 누구나 (특히 군주의 경우) 그 지위가 높은 만큼, 칭찬이나 비난이 될 만한 성품이 눈에 잘 띄게 마련입니다.

그리하여 어떤 사람은 너그럽다는 소리를 듣고 어떤 사람은 인색하다는 비난을 받습니다. 토스카나의 방언에 의하면 탐욕스럽다라는 말은 욕심쟁이를 뜻하며 약탈도 감행할 만큼 소유욕이 강한 사람을 가리키고, 인색하다라는 말은 되도록 자기 소유물을 소비하기 꺼려 하는 사람을 가리킵니다. 또 어떤 사람은 베풀 줄 안다는 칭찬을 받고 어떤 사람은 욕심이 많다고 비난을 받습니다. 어떤 사람은 잔인하고 어떤 사람은 자비롭다고 여겨집니다. 누구는 신의가 없고 누구는 신의가 있으며, 비겁한 자와 용감한 자, 겸손한 자와 교만한 자, 호색하는 자와 정숙한 자, 진실한 자와 교활한 자, 무뚝뚝한 자와 상냥한 자, 신중한 자와 경솔한 자, 믿음이 두터운 자와 믿음이 없는 자[56] 등등 이렇게 여러 모로 사람들의 입에 오르내립니다.

---

55 본장은 그 당시의 이탈리아의 정치사상이 잘 표현되어 있다. 신학이나 철학 그리고 종교적인 전통에서 벗어나 역사적인 사실과 그 현실에 입각하여 과학적인 새로운 정치학을 수립하려는 천재적인 그의 대등한 기질이 엿보인다.

56 플라톤이나 아리스토텔레스도 이에 대해 논했을 뿐 아니라, 단테의 〈제정론〉을 비롯해 아우구스티누스와 성 토마스 아퀴나스도 이에 대하여 저술했다.

군주는 위에서 말한 여러 가지 성질에서 당연히 저마다 좋은 점을 취하려고 할 것입니다. 그러나 인간사란 그렇게 단순하지 않으므로, 군주는 자기의 지위를 위태롭게 할 가능성이 있는 과오를 범해 비난을 사는 일이 없도록 조심해야 합니다. 설사 자기 지위가 흔들릴 만큼 위험한 잘못을 저지르지는 않더라도, 가능하다면 아예 처음부터 작은 실수도 범하지 않도록 현명해져야 합니다.

그리고 지위를 유지하기 위해 악덕을 저지르지 않을 수 없을 경우에는 구태여 망설일 필요가 없습니다. 왜냐하면 올바른 일이라고 생각되는 것도 그것을 행하여 파멸을 가져오는 경우가 있는가 하면, 악한 일처럼 보이는 것도 막상 실천해 놓고 보면 안정과 번영을 가져오는 경우가 있기 때문입니다.

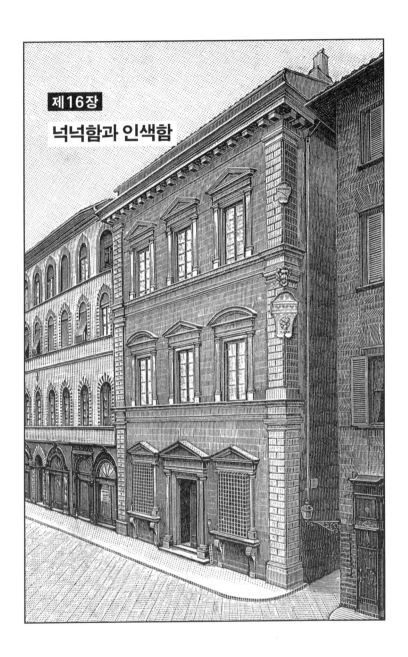

제16장

넉넉함과 인색함

앞에서 말한 여러 가지 성격 가운데 첫째 것부터 설명하자면, 남에게 관대하다는 평을 받는다면 바람직한 일이지만 그 관대함을 적용하는 데 따라 합당치 않은 경우에는 오히려 해가 되기도 합니다. 그럴 수밖에 없는 것이 사리에 맞고 정당한 태도를 보일 때도 세상 사람들에게 인정을 받지 못하면, 비난을 사기 쉽기 때문입니다. 그러므로 군주가 세상 사람들에게 관대하다는 평판을 들으려면 허식을 소홀히 할 수 없습니다. 그는 이 명목을 유지하기 위하여 언제나 재산을 탕진하기가 일쑤이며, 따라서 불가불 백성들에게 무거운 세금을 물리고 가차 없이 형벌을 내리는 등 갖은 수단으로 금품을 손에 넣으려고 합니다.

드디어는 백성의 원한을 사고, 궁지에 몰려 아무도 존경하는 사람이 없어집니다. 이렇게 되면 모처럼 베푼 선심이 많은 백성들을 괴롭히고, 자기 자신까지도 궁핍을 느끼게 됩니다. 이리하여 군주는 곤경에 빠지고 위기에 직면하게 됩니다. 이것을 깨닫고 지출을 적당히 줄

이려고 하면 이내 인색하다는 비난을 받아야 합니다.

따라서 군주가 해를 입지 않고서는 자타가 공인하는 관대함의 미덕을 발휘할 수 없다면 차라리 인색하다는 비난을 받는 편이 현명한 군주의 태도라 하겠습니다. 왜냐하면 그는 검소함으로써 국가재정의 세입을 늘리고 외적의 침입에 대비할 수 있으며, 백성의 부담을 덜어 주고 국정을 잘 보살펴 나가면 백성은 차츰 선심을 써 줄 때보다 훨씬 커다란 존경을 하게 됩니다.

군주는 그에게 아무것도 빼앗기지 않은 자에게는 관대한 사람이 되는데 그 대상은 무수히 많습니다. 이와 달리 그에게 아무 혜택을 받지 못하는 사람에게는 인색한 사람이 되는데 그런 대상은 매우 적습니다. 오늘날 위대한 업적을 남긴 사람들은 저마다 인색하다는 평을 듣고 있으며, 그 밖의 사람들은 모두가 실패하고 말았습니다. 교황 율리우스 2세가 지위에 오를 때에는 관대하다는 평판이 쓸모가 있었지만, 나중에 프랑스 왕과 싸울 때에는 이 명성을 누리려고 노력하지 않았습니다. 그가 여러 차례 전쟁을 하면서도 백성들에게 무거운 세금을 물리지 않고 능히 꾸려 나갈 수 있었던 까닭은, 오직 오랫동안 절약을 하여 그 지출을 감당할 수 있었기 때문입니다. 오늘날 스페인 왕 페르난도가 관대하다는 명성을 얻고 있었다면 그처럼 커다란 업적은 올리지 못했을 것입니다.

무릇 군주된 자 누구라도 백성들의 고혈을 짜지 않고 방위 태세를 튼튼히 갖추기 위해서는 인색하다는 말을 기피하지 말아야 합니다. 그리고 남에게 궁색하게 되었다는 멸시를 사지 않고, 남의 것을 수탈하지 않기 위해서도 그렇습니다. 통치자의 지위를 보전케 만드는 것은 악덕의 하나로 간주되는 인색함이기 때문입니다.

어떤 사람은 카이사르가 그 선심 덕분에 로마제국을 손아귀에 넣을 수 있었으며, 이 밖에도 인품이 너그럽다는 이유로 높은 지위에 오른 사람이 많다고 할지도 모릅니다. 저는 그에 대하여 다음과 같이 대답하고자 합니다. 그가 이미 군주의 지위에 있는가, 아니면 그 지위에 오르려고 하는가에 대하여 잘 생각해 보아야 합니다. 전자의 경우에 후하다면 위험천만한 일이며, 후자의 경우에는 부득이 남들에게 생색을 낸 것뿐입니다. 카이사르는 로마의 주권을 손에 넣으려고 한 사람이지만, 그가 만일 주권을 잡은 뒤에 오랫동안 생존하여 낭비를 중단하지 않았더라면 그의 제국은 멸망해 버렸을 것입니다.[57]

그러나 혹자가 세상에서 매우 너그러운 임금으로 자기 군대를 거느리고 큰 업적을 올린 경우가 많다고 말한다면, 저는 이렇게 대답하려고 합니다. 즉 통치자가 쓰는 돈은 그의 소유거나 백성의 것이 아니면, 다른 제삼자의 것입니다. 첫째의 경우에는 어디까지나 인색해야 하

---

57 카이사르는 주권을 장악한 지 1년 만인 기원전 44년 3월 15일, 원로원에서 브루투스 일파에게 암살당했다. 문인, 역사가, 웅변가이기도 했던 그가 원정을 가서 로마에게 보내온 '왔다. 보았다. 이겼다'는 세 마디의 보고서는 명문으로서 길이 전해지고 있다.

며, 둘째의 경우에도 결코 선심을 베풀어서는 안 됩니다. 그러나 군주가 자기 군대를 이끌고 적진으로 쳐들어갈 경우에는 정복, 약탈, 강제 등의 수단을 통해 남의 재물을 소비하는 것이므로 군주에게는 이 후함이라는 미덕이 불가결하다고 하겠습니다. 만일 그렇지 않으면 병사들은 그의 명령에 복종하지 않을 것입니다. 그러므로 키루스나 카이사르나 알렉산드로스 대왕처럼 자기 소유도 아니고 백성의 소유도 아닌 재물은 부하들에게 아낌없이 나누어 주어야 합니다. 설사 남의 재물을 탕진했다고 하더라도 그로 말미암아 자기의 명성이 손상되기는 커녕 오히려 배가 되기 때문입니다.

하지만 자기의 소유를 탕진하는 일은 해롭습니다. 옛날부터 선심을 쓰는 일처럼 재물이 빨리 탕진되는 것은 없습니다. 후하게 처세하는 가운데 어느새 더는 나눠 줄 능력이 없어지고 이어서 궁핍이 따르면 사람들은 경멸하게 됩니다. 이 궁핍에서 벗어나려고 욕심을 부리면 비열해져 자연히 백성들의 원한을 사게 마련입니다. 군주는 마땅히 남의 경멸과 증오를 받지 않도록 명심해야 합니다. 그런데 이 두 가지는 모두 선심에서 오는 선물입니다. 남에게서 후하다는 명성을 얻기 위해 결국 탐욕스러워져 남들의 미움을 사느니, 차라리 불명예스럽기는 하겠지만 인색하다는 비난을 듣는 일이 현명합니다.

제17장

잔인함과 인자함, 그리고 사랑을 받는 것과 두려움을 받는 것의 우열에 대하여

이번에는 위에서 거론한 여러 자질 가운데 다른 이야기를 해 볼까 합니다. 군주는 언제나 자비롭다는 평을 들어야 하며, 결코 잔인하다는 평을 들어서는 안 됩니다. 그러나 이 자비를 잘못 이용하지 않도록 조심해야 합니다. 체사레 보르자는 사람들로부터 잔인하다는 말을 들어 왔지만, 오히려 그 때문에 로마를 평정하고 평화를 가져와 신망을 얻을 수 있었습니다. 우리는 이 점을 깊이 생각해 보아야 합니다. 무자비하다는 소리를 듣기가 두려워 피스토이아[58]를 파괴한 피렌체인들보다는 차라리 체사레가 훨씬 자비로웠음을 알 수 있을 것입니다.

군주가 신민들을 결속시키고 충성심을 얻기 위해서는 결코 잔인하다는 비난을 듣는 일을 두려워해서는 안 됩니다. 왜냐하면 지나친 자

---

58 피스토이아(Pistoia)는 피렌체에 예속된 도시로서 당시 당쟁 때문에 유혈, 약탈, 파괴 행위가 성행했다. 화해가 겨우 성립되었으나 이듬해에 다시 분쟁이 일어나자 피렌체는 강제로 이곳을 점령해 버렸다. 마키아벨리도 이 문제를 해결하기 위해 여기에 세 차례나 파견되었다.

비심을 베풀어 오히려 전란과 살생 및 약탈을 불러일으키는 군주와 비교하면, 매우 근소한 잔인함을 보이면서 통치해 나가는 군주가 더 훌륭하기 때문입니다. 전자의 경우에는 일반 백성들에게 피해를 끼치지만, 후자의 경우에는 소수의 특수한 사람을 해치는 데 지나지 않습니다.

특히 주권을 잡은 지 얼마 안 되는 군주들은 새로 얻은 나라에 허다한 위험이 내포되어 있을 터이므로, 잔인하다는 비난을 모면할 도리가 없습니다. 그러므로 베르길리우스도 디도의 입을 통해 다음과 같이 변명했습니다.[59]

신생 국가 통치의 어려움을 헤쳐 나가기 위해
나로 하여금 이 같은 조치를 취하도록 강요하고
내 영토의 곳곳을 고루 살피도록 하는구나.[60]

그렇지만 군주는 다른 사람의 말을 좀처럼 쉽게 믿지 말아야 하며, 더구나 그 말을 경솔하게 실천에 옮겨서도 안 됩니다. 그리고 자기 자신을 두려운 존재로 만들어서도 안 됩니다. 그는 모름지기 심사숙고

---

59 베르길리우스(Vergilius)는 기원전 70년부터 기원전 19년까지 살았던 로마의 시인으로서, 라틴 문학을 발전시키는 데 공헌했다. 디도(Dido)는 그리스 신화에 나오는 페니키아의 여왕으로 카르타고를 건설했다고 한다.
60 서사시 「아이네이스(Aeneis)」 1권 563~564행.

하여 적절한 자비심에서 비롯된 행위를 굳게 다져 나가야 합니다. 결코 지나친 자비심으로 인해 자기반성을 게을리하거나 지나치게 의심해서도 안 됩니다.

이 점에 대해서 남들로부터 두려움을 받기보다 사랑받는 편이 좋으냐, 아니면 사랑받기보다는 자기를 두려워하는 편이 좋으냐 하는 의문이 생깁니다. 저는 이 물음에 대하여 양쪽을 다 바라고 싶습니다. 하지만 양쪽을 다 겸하기는 어려운 일이므로 이 두 가지 중에서 어느 하나를 택하라면, 사랑을 받기보다는 두려움을 받는 쪽을 택하고자 합니다. 그편이 훨씬 안전하기 때문입니다.

인간은 대체로 배은망덕을 예사로 하며 변덕과 거짓이 많고 비겁하고 인색하기 짝이 없습니다. 그래서 군주가 그들에게 소중한 존재일 경우에는 군주의 충실한 신하로서 재물이나 목숨 심지어 자식까지도 바치려 할 테지만, 그것은 앞에서도 말한 것처럼 실제로 자기희생이 필요하지 않을 때의 일입니다. 막상 그런 희생이 필요하게 되면 저마다 군주에게서 등을 돌리는 법입니다.

그러므로 그들의 말을 곧이듣고 경계를 게을리하는 군주는 파멸을 면치 못할 것입니다. 왜냐하면 위대하고 숭고한 정신에 의거하지 않고, 이해관계에 따라 사귀는 우정은 그 대가를 지불할 만한 가치가 있다고 해도 유사시에는 쓸모가 없어집니다. 인간은 자기가 두려워하는 자보다 사랑하는 자를 해치는 데 덜 주저합니다. 애정은 의리의 사슬에 매여 있는 것인데 인간의 본성은 악하므로 경우에 따라서 언제든지 이를 끊어 버립니다. 반대로 두려움은 결코 만만히 볼 수 없는 형벌이라는 공포에 의하여 지탱되므로 효과적입니다.

군주는 비록 백성의 지지는 받지 못하더라도 항시 그들에게 두려움을 주어야 합니다. 다만 이 경우에 그들에게 미움을 사서는 안 된다는 점을 잊어서는 안 됩니다. 남에게 두렵게 여겨지는 것과 미움을 사지 않는 것은 흔히 양립될 수 있기 때문입니다. 군주가 백성이나 신하의 재물 또는 아내를 빼앗지 않는 한 위에서 말한 일은 가능합니다.[61]

그럼에도 부득이 누군가를 처형해 피를 보아야 할 경우에는 이에 따르는 적절한 해명이 있어야 하며, 명백한 이치에 어긋나지 말아야 합니다. 특히 남의 재물을 갈취하는 일은 삼가야 합니다. 왜냐하면 인간이란 아버지의 죽음은 곧 잊어버리지만 빼앗긴 재물에 대해서는 좀처럼 잊지 못하기 때문입니다.

누군가의 재물을 빼앗는 구실은 얼마든지 있으며, 약탈에 의해 살아가는 재미를 알게 된 군주는 남의 재물을 빼앗는 구실을 찾게 됩니다. 반면 남의 목숨을 빼앗는 구실은 좀처럼 찾아내기 어려우며, 그만큼 덧없는 일입니다.

군주가 많은 군대를 거느릴 때에는 잔인하다는 평판을 꺼려서는 안

---

61 아리스토텔레스는 군주가 실각하는 이유로 그들이 강간이나 간통, 그 밖에 신하의 명예를 손상시키고 그 부인을 강탈한 잘못을 지적하고 있다.

됩니다. 왜냐하면 이런 소문이 나지 않으면, 군대를 통솔하여 그 의무를 원만히 수행하지 못할 것이기 때문입니다. 한니발[62]의 저 불가사의한 맹활약 속에서 우리는 다음과 같은 점을 발견할 수가 있습니다. 그는 여러 인종으로 구성된 대군을 이끌고 외지에서 싸웠지만, 행운을 맞았을 때나 불운에 처했을 때를 가리지 않고 말썽을 일으키거나 반항하는 자는 하나도 없었습니다. 한니발은 성격이 냉혹할 뿐더러 용감무쌍하여 언제나 병사들이 존경하는 동시에 두려워하는 존재였기 때문입니다. 이와 같은 일종의 잔인성이 없이는 그 밖의 어떤 미덕으로도 그러한 큰 성과를 거둘 수는 없었을 것입니다. 그런데 역사가들은 여기에 대해서는 생각하지도 않고, 그의 위대한 업적을 찬양하면서도 그가 성공을 거두게 된 주요 원인에 대해서는 비난을 합니다. 한니발의 다른 자질만으로는 그들의 욕구를 충족시켜 주지 못했으리라는 점은 스키피오를 보면 수긍할 수 있습니다. 당대에는 말할 것도 없고 유사 이래로 그처럼 훌륭한 인물은 없었지만, 부하가 스페인에서 그에게 반기를 들었던 것입니다.

이것은 오로지 그의 지나친 자비심 때문입니다. 그는 병사들에게 적절한 규율을 세우지 않고 자유롭게 방임했습니다. 그리하여 그는 로마의 원로원에서 로마 군대를 타락시킨 자라는 파비우스 막시무스

---

62 기원전 247~183년 살았던 카르타고의 명장이다. 포에니 전쟁에서 알프스를 넘어 이탈리아에 침입했으나 로마의 스키피오에게 패배하자 음독자살했다.

의 비난을 받았던 것입니다. 로크리인들이 일찍이 스키피오의 부하에게 짓밟힘을 당했으나 스키피오는 이들을 원성을 들어주지 않았을 뿐 아니라, 부하의 횡포도 처벌하지 않았습니다.

이는 그의 안이한 성격 탓으로 한 원로원 의원은 스키피오를 옹호하여 "우리는 남의 잘못을 바로잡기보다 자기 자신이 잘못을 저지르지 않도록 명심해야 한다"고 말했습니다. 스키피오는 만일 총사령관의 자리에 계속 앉아 있었던들 결국 그의 성격으로 인해 명성과 명예를 동시에 잃어버렸을 테지만, 다행히 원로원의 압력으로 스키피오의 그런 성격은 가려졌습니다. 그로 인하여 빛나는 영광을 누릴 수가 있었습니다. 저는 여기서 백성들이 군주를 사랑하느냐 두렵게 여기느냐 하는 문제로 돌아가 결론을 내리려고 합니다.

인간은 누구나 자기 마음이 내키면 사랑을 베풀지만 군주의 의사가 작용하면 두려워하게 마련입니다. 그러므로 현명한 군주는 자기 의사를 언제나 존중해야 하며 결코 통제할 수 없는 다른 사람의 의사에 좌우되어서는 안 됩니다. 그런데 앞에서도 언급했듯이, 남의 미움만은 사지 않도록 주의해야 합니다.

제18장

군주는 어디까지
신의를 지켜야 하는가

군주가 간계를 쓰지 않고 신의를 지켜 진실하게 살아가는 것은 칭찬받을 만한 일이라고 생각합니다. 그러나 지금까지의 경험에 비추어 보면 위대한 업적을 남긴 군주는 신의를 별로 존중하지 않았고, 존중하기는커녕 간계로 사람들을 속이는 법을 알고 신의를 숭상하는 자들을 짓밟아 왔음을 알 수 있습니다.

　우리는 싸움에 두 가지 방법이 있음을 알아야 합니다. 첫째는 법에 의한 방법이고 둘째는 힘에 의한 방법입니다. 전자는 인간에게 합당한 것이고, 후자는 짐승에 합당한 것입니다. 하지만 첫째 방법만으로는 불충분하므로 둘째 방법에 의존해야 할 경우가 있습니다. 특히 군주는 이 인간의 방법과 짐승의 방법을 잘 분별해서 사용할 줄 알아야 합니다. 이 점에 대해서는 옛 성현들이 비유로 군주에게 충고하고 있습니다. 그에 의하면 아킬레우스를 비롯한 옛날의 많은 군주들은 반인반수인 케이론에 의해 양육되면서 교육받았다고 합니다.[63] 반인반수를 스승으로 모셨다는 것은, 다름 아니라 군주가 이 두 가지 본성을 잘 분간할 줄 알아야 하며, 자신의 안전을 보장하기 위해서는 이 두 가지가 필요함을 말해 주고 있습니다.

그러므로 군주가 짐승의 방법을 취하지 않을 수 없을 경우에는 여우와 사자를 택해야 합니다.[64] 사자는 함정에 속수무책이며 여우는 늑대에게 두 손 들게 마련입니다. 따라서 함정을 알아차리기 위해서는 여우가 되고, 늑대를 쫓아 버리기 위해서는 사자가 되어야 합니다. 사자처럼만 행동하는 사람은 무엇을 어떻게 해야 할지 깨닫지 못합니다. 신의를 지키는 일이 해롭거나 약속을 이행할 아무런 이유가 없어졌을 때에는 신의를 지킬 수도 없고 또 지킬 필요도 없다는 것을, 사려 깊은 군주는 잘 분별합니다.

만일 인간이 다 선하다면 이 가르침은 물론 해로울 것입니다. 그러나 인간은 본래 성실하지 못하며 군주에게 맹세한 언약도 지키지 않는 것이 예사이므로, 군주도 그들에게 신의를 지킬 필요가 없습니다. 더구나 군주는 언제나 약속 불이행을 합리화할 적당한 이유를 갖고

---

63 그리스 신화에 나오는 이야기로 아킬레우스 같은 영웅도 처음에는 이 반인반수에게서 훈련을 받았다고 한다. 케이론은 켄타우로스 족으로 그 가운데 가장 현명한 인물로 이름을 떨쳤으며 의술, 음악, 무술 등에도 뛰어난 재능을 보였다.

64 키케로의 「직분론」을 보면 여우의 간지와 사자의 용맹은 옛날부터 속담으로 많이 전해져 왔음을 알게 한다.

있게 마련입니다. 이 점에 대해서는 근래 일어난 여러 가지 실례에서, 군주가 신의를 지키지 않았기에 얼마나 많은 강화가 깨어지고 조약이 폐기되었는가를 입증할 수 있습니다. 그리하여 여우를 본받을 줄 아는 사람일수록 성공을 거두고 있다는 사실도 아울러 알게 됩니다.

한편 인간은 이 성질을 교묘히 가장하는 수법을 터득하여, 그럴듯하게 위장하고 때로는 전혀 당치 않게 얼버무리는 데 능숙할 필요가 있습니다. 인간이란 매우 단순하여 오직 눈앞에 닥친 필요에 의해서만 지배되므로 누군가를 기만하려는 자는 반드시 그 손에 걸려들 대상을 찾아낼 수 있을 것입니다.

저는 최근에 일어난 많은 실례 가운데 한 가지를 이야기하려고 합니다. 교황 알렉산데르 6세는 언제나 남을 속이는 방법을 머릿속에서 생각하고 있었으며, 또한 그것을 실천에 옮기기 위한 대상을 쉽사리 찾아내곤 했습니다. 이 교황처럼 엄청난 공약을 하고 진실되게 선서하면서, 동시에 그처럼 약속을 지키지 않은 사람은 없었습니다. 그럼에도 그의 거짓은 언제나 그 의도대로 성공을 거두었습니다. 그것은 인간에게 이러한 본성이 있다는 사실을 그가 누구보다도 잘 알고 있었기 때문입니다.

제가 앞에서 말한 여러 가지 성품을 일일이 다 갖출 필요는 없지만, 반드시 갖추고 있는 듯이 남에게 보일 필요는 있습니다. 아니 저는 감히 말하지만, 만일 군주가 이와 같은 성질을 모조리 갖추고 실제로 행동에 옮길 경우에는 오히려 폐단이 많으리라 확신합니다. 다만 그런 성질을 갖추고 있는 듯이 남들에게 보여 주는 일은 대단히 유리합니다. 자비롭고 성실하며 친절하고 경건하게 보이거나 실제로 그런 성격을 지닐 필요가 있을 테지만, 동시에 그와 반대되는 면이 필요할 경우에는 곧장 실천에 옮길 방법도 알고 있어야 합니다. 따라서 이에 대한 마음의 준비를 게을리해서는 안 됩니다.

특히 새로 주권을 잡은 군주는 세상 사람들이 좋아하는 선행을 다 이행할 수도 없습니다. 나라를 지켜 나가기 위해서는 신의, 자비, 인정, 신뢰 등과는 정반대되는 일을 해야 할 경우가 있는 법입니다. 그러므로 운명의 장난과 사태의 진전에 따라 언제나 방향을 바꿀 유연한 자세를 갖고 있어야 합니다. 전에도 말했듯이 되도록 선으로부터 벗어나지 않아야겠지만, 부득이한 경우에는 악의 편을 드는 법도 알고 있어야 합니다.

군주라면 누구든 위에서 말한 다섯 가지 성품이 결여되어 있는 듯한 말은 입 밖에 내지 않도록 조심해야 합니다. 군주와 눈이 마주치거나 이야기를 나누는 자에게 자비, 신의, 성실, 인정 및 믿음의 화신인 듯한 인상을 주어야 합니다. 무엇보다 믿음이 두터운 듯이 보일 필요가 있습니다. 대부분의 인간은 손으로 만져 보고 판단을 내리지 않고, 눈으로 보고 나서 판단을 내립니다. 당신을 보는 것은 누구든지 할 수 있지만 만지는 것은 소수에게만 제한되기 때문입니다. 이 소수는 국가 권력의 토대가 되는 다수의 의견에 감히 반대하지 못합니다. 모든 인간의 행위, 더구나 군주의 행동에 대해서는 호소할 법정이 없으므로 언제나 그 행동의 결과를 보고 판단을 내립니다. 그렇다면 군주는 국가를 잘 보전하는 데 성공해야 합니다. 이를 위한 수단과 방법은 언제나 인정을 받고 뭇 사람들의 칭송을 얻을 것입니다. 대중은 밖으로 나타난 형태와 그 결과에 치중해서 사물을 판단하기 때문입니다.

사회는 평범한 사람들로 구성되어 있으므로, 그들이 자리한 곳에 소수의 몇몇 인사가 비집고 들어앉을 여지는 전혀 없습니다. 오늘날 어떤 군주[65]는—그 이름을 밝히지는 않겠지만—입을 열기만 하면 평화와 신의를 역설하지만, 실재로 그는 둘 모두의 적입니다. 만일 그가 이 가운데 하나라도 존중했더라면, 그의 명성과 국가 자체를 몇 번이나 잃었을지 모릅니다.

---

65 아라곤의 페르난도를 가리키는 것으로 보인다.

제19장

경멸과 미움을
어떻게 피할 것인가

저는 앞에서 군주의 가장 중요한 자격에 대해 이야기했으므로 여기서는 일반적인 문제에 대하여 간단히 서술하고자 합니다. 이 점도 이미 일부 언급한 적이 있듯이, 군주는 결코 남의 미움을 받거나 경멸을 받지 않도록 조심해야 합니다. 이를 피하는 데 성공한다면 그만큼 자기 임무를 수행하는 셈이 되며, 설사 그 밖의 일에 과오를 저질렀다고 하더라도 별로 두려워할 것이 없습니다.

앞에서도 말했지만 군주가 더구나 탐욕이 많아 신하의 재물이나 아내를 겁탈하면 큰 증오를 사게 되므로 반드시 삼가야 합니다. 군주가 신하들의 재물이나 명예를 앗아가지 않는 이상 대다수의 백성은 안심하고 살아가므로, 단지 몇몇 야심가를 상대로 싸워 나가면 되며 이것을 간단히 억누를 방법은 얼마든지 있습니다.

군주가 변덕스럽다거나, 경솔하다거나, 유약하고 비겁하다거나, 결단력 없이 우유부단하다는 인상을 줄 경우에는 멸시를 당하게 되므로, 군주된 자는 모름지기 조심하여 결코 암초에 부딪치는 일이 없도록 해야 합니다. 그의 사사로운 결정에 있어서도 당당하고 용감하며 위엄 있고 끈기 있게 보여야 합니다. 그리고 신하의 불손한 태도에 대해서도 군주는 재고할 여지가 없음을 인식시켜, 감히 군주를 기만하거나 농락할 수 없다는 평을 얻을 필요가 있습니다.

제삼자로 하여금 이러한 견해를 갖게 하면 그 군주는 언제나 사람들의 존경을 받게 마련입니다. 명망이 높은 군주에게 반기를 드는 일은 쉽지 않으므로 군주가 신하의 존경을 받아 소위 명군이라 인정받는 한 공격의 화살을 받을 염려가 없습니다.

그러므로 군주는 다음과 같은 두 가지 점에 대하여 경계해야 합니다. 하나는 신하에게서 오는 것이고, 또 하나는 외국으로부터의 침략입니다. 후자의 경우에는 강력한 군대와 훌륭한 동맹국에 의해 침입을 막을 수 있습니다. 군비를 튼튼히 하면 반드시 훌륭한 우군이 있는 법입니다. 설사 나라에 어떤 음모가 있어 이미 손을 쓸 여지가 없을 만큼 무르익어 간다면 모를까, 나라 밖의 문제가 잠잠할 동안에는 나라 안의 문제도 따라서 안정하게 마련입니다. 비록 외환이 있다 하더라도 위에서 말한 바대로 다스리며 용기를 잃지 않으면, 군주는 모든 공격을 능히 막아낼 것입니다.

스파르타의 나비스 왕이 그 좋은 예입니다. 그러나 외환이 없을 때에는 신하들의 음모를 경계해야 합니다. 백성들에게서 미움을 사거나 경멸을 받지 않고 그들이 군주에게 불만을 품지 않도록 한다면, 그 지위를 무난히 유지할 수 있습니다. 이는 대단히 중요한 일로서, 저는 이미 위에서도 길게 이야기한 적이 있습니다.

군주가 음모를 미연에 막을 수 있는 가장 효과적인 방어책은 백성들에게 미움을 사지 않고 그들과의 사이가 멀어지지 않는 것입니다. 왜냐하면 음모를 꾸미는 자는 언제나 군주를 제거하면 백성들의 환심을 살 수 있다고 생각하기 때문입니다. 그런데 이와 반대로 군주에게 음모를 꾸미면 백성들의 분노를 살 우려가 있다고 생각하게 되면, 감히 음모를 꾸밀 엄두를 내지 못합니다. 경험이 가르쳐 주는 바와 같이 많은 인사들이 군주를 타도하려는 음모를 꾸미지만 성공을 거두는 예가 드문 까닭은, 그 일 자체가 단독으로는 할 수 없고 또 불평분자를 제외하면 이에 가담하는 사람이 매우 드물기 때문입니다.

그러나 만일 당신이 그런 불평분자에게 자신의 숨은 뜻을 알려 줬다면, 그에게 어떤 이권을 제공해야 합니다. 불평분자가 그런 비밀을 알게 되면 그것을 미끼로 삼아 온갖 이득을 보려고 하기 때문입니다. 그러므로 한편으로 분명히 자기에게 유리한 일이면서 다른 한편으로는 큰 위험이 따른다는 사실을 알면서도 그가 신의를 지킨다면, 그는 둘도 없는 동료이거나 군주의 사나운 적이 틀림없습니다.

음모를 꾸미는 자는 형벌에 대한 공포와 시기 그리고 끔찍한 형벌을 예상하게 됩니다. 군주는 주권자로서의 권위와 국법 또한 그를 지켜주는 동지와 국가의 보호가 있으며, 나아가서는 국민들의 지지를 더하면 섣불리 음모를 꾸미기 어렵습니다. 무릇 음모자가 거사하기 전에 뒤따르는 것은 공포이며, 국민의 의사에 반하는 일을 저지른 다음에도 두려워할 만한 일이 꼬리를 물고 일어나기 때문에 그는 도망갈 곳을 찾지 못할 것입니다.

이 점에 대해서는 무수한 실례를 들 수 있지만, 우리의 선친들에게 일어났던 새로워 보이는 예를 하나 들려고 합니다. 메세르 안니발레 벤티볼리오는 볼로냐의 영주였는데[66], 그가 칸네스키 일파의 음모로 살해되었을 때 그 혈족 중에는 아직 요람 속에 누워 있던 메세르 조반니만이 살아남았습니다.

이 살인 사건이 일어난 즉시 국민들은 일제히 궐기하여, 칸네스키 일파를 모두 죽여 버렸습니다. 이는 오직 벤티볼리오 일파가 당시의 볼로냐에서 백성들의 신망을 사고 있었던 까닭입니다. 벤티볼리오 일가에 대한 신망은 대단한 것이었습니다. 안니발레가 죽자 나라를 다스릴 수 있는 사람은 한 사람도 남지 않았으나, 당시 피렌체에 있던 어떤 대장간의 아들이 벤티볼리오 일가와 핏줄이 닿아 있다는 소문을 듣자 볼로냐의 시민들은 피렌체로 사신을 보내 그를 찾아내었습니다. 그리하여 메세르 조반니가 정무를 보살필 수 있는 나이가 될 때까지

---

66 메세르 안니발레 벤티볼리오(Messer Annibale Bentivogli)는 당시 안니발레 영주의 조부이기도 하다.

그에게 통치권을 위임했습니다.

따라서 국민의 인심만 잃지 않는다면, 신하의 음모쯤은 염려할 것
이 없다고 저는 단언하고 싶습니다. 이와 반대로 백성이 군주를 적대
시하고 미워할 때에는 매사 모든 사람에 대하여 두려움을 느낄 수밖
에 없습니다. 그러므로 현명한 군주는 질서가 잡힌 국가라 하더라도
귀족들이 절망감에 빠지지 않고 백성 각자가 불평을 품지 않고 안정
된 생활을 해 나갈 수 있도록 애를 써야 합니다. 이것은 군주가 지녀야
할 가장 중요한 의무 중의 하나입니다.

오늘날 정치제도가 제일 잘 되어 있는 나라는 프랑스입니다. 이 나
라는 주권자의 자유와 안전을 보장하는 여러 가지 훌륭한 제도가 마
련되어 있습니다. 그중 가장 중요한 것은 고등법원과 그 권능입니다.
프랑스의 기반을 닦은 사람[67]은 귀족들의 횡포가 얼마나 심한지 잘 알
았으므로, 재갈을 물려 그들의 권리를 억제할 필요가 있다고 생각했
습니다. 다른 한편 그는 평민들이 귀족들을 두려워하고 그로 인한 반
감을 갖고 있다는 사실을 알아차리고, 어떻게 해서든지 평민을 보호
하려 했습니다. 하지만 그는 그렇게 하는 것이 군주의 특별한 시책이
되기를 원치는 않았습니다.

---

67 루이 9세를 말한다. 그는 1226년부터 1270년까지 재위하면서 중세 프랑스의 중앙 집권적 왕
정을 완성한 인물이다. 덕(德)과 정치의 일치를 추구했으며 정의에 입각한 평화 수립을 위해
노력했다. 사후에 로마 가톨릭교회에서 성인으로 인정했다.

그리하여 평민을 옹호하여 귀족들로부터 받게 될지 모르는 공격의 화살을 피하는 동시에, 귀족을 옹호함으로써 평민들로부터 받을 법한 비난을 피하기 위해 제삼의 조정자인 고등법원을 설치했습니다. 이 조정자의 임무는 국왕에게 책임을 돌리지 않고, 귀족을 억압하는 동시에 평민을 보호하려는 데에 있었습니다. 국가나 왕에 대하여 이보다 더 적절한 조치와 안전한 대책은 없을 것입니다. 저는 여기서 다음과 같은 중요한 결론을 내릴 수 있으리라고 생각합니다.

군주가 비난을 받을 우려가 있는 일은 다른 데로 맡기고 군주가 호감을 받을 수 있는 일은 손수 해야 한다는 점입니다. 군주는 귀족을 소중히 여겨야 하지만 그렇다고 해서 평민으로부터 미움을 사서도 안 됩니다.

그러나 로마 황제들의 전기를 읽어 본 사람이라면, 아무리 가치 있는 삶을 살고 훌륭한 성격의 소유자라도 신하의 음모로 나라를 잃고 목숨까지 빼앗긴 예가 허다한 것을 보고 내 견해에 반대할지도 모릅니다. 이에 대답하기 위해 저는 몇몇 황제의 성격에 대하여 언급하고자 합니다. 그가 파멸에 이르게 된 원인이 전에 제가 주장한 바와 모순되지 않는다는 점을 입증하는 동시에 당시의 역사적인 사건에 대하여 연구하는 사람들이 가장 명심해야 할 문제점을 검토해 보려고 합니다. 즉 철학자 마르쿠스 아우렐리우스부터 막시미누스에 이르기까지 로마제국을 계승한 황제를 다 열거하려고 합니다. 그들은 마르쿠스와 그 아들 콤모두스, 페르티낙스, 율리아누스, 세베루스와 그의 아들 안토니누스 카라칼라, 마크리누스, 엘라가발루스, 알렉산데르, 막시미누스 등입니다.

첫째로 주의해야 할 점은 다른 군주들은 귀족의 야망과 평민의 오만을 억제하기만 하면 되었지만, 로마 황제에게는 이 밖에도 병사들의 폭동과 탐욕을 눌러야만 하는 골치 아픈 일이 있었습니다. 이는 매우 어려운 문제로 많은 황제들은 이로 인해 파멸을 면치 못했으니 병사와 인민을 동시에 만족시키란 어려운 일이었기 때문입니다. 인민들은 평화를 애호하기 때문에 온순한 황제를 바라고 병사들은 호전적이고 거만하며 난폭하고 탐욕스러운 군주를 원했습니다. 병사들은 황제가 인민들을 그런 식으로 다룸으로써 자기네의 급료를 더 많이 요구하고, 그들의 사리사욕을 충족하고 잔인함을 배출할 수 있도록 황제가 자신들의 요구를 받아 주기를 바랐습니다.

그 결과 이와 같은 군대와 백성을 억누르고 다스려 나갈 만한 천부적 권위와 덕망이 없는 황제들은 언제나 자멸했습니다. 특히 새로 제위에 오른 황제는 이 양자 사이에서 일어나는 상반된 요구의 어려움을 알면서도, 인민들이 입게 될 폐해를 무시하고 먼저 병사들의 환심을 사려다가 거의 실패하고 말았습니다. 그러나 군주가 미움을 사지 않을 수 없는 경우가 생긴다면 무엇보다도 백성들로부터 미움을 사지 않도록 주의해야 하며, 만일 이것이 불가능할 경우에는 제일 유력한 계급으로부터 백안시되지 않도록 힘써야 합니다.

그런데 새로 제위에 오른 군주는 자기에게 특별한 지지가 필요했기 때문에 백성에게 의지하지 않고 오히려 병사들에게 기대려고 했습니다. 이와 같은 태도는 군주가 병사들에게서 좋은 평판을 받는 법을 알면 이득을 볼 수 있지만, 평이 나쁘면 해가 됩니다. 마르쿠스, 페르티낙스, 알렉산데르 등은 인자한 인물들로 정의를 사랑하고 난폭한 행동을 피하고 인정과 자비심이 많았으므로 마르쿠스를 제외한 모두가 참변을 당했습니다. 마르쿠스가 생애를 무난히 마친 까닭은 다름 아니라, 상속권에 의해 제위를 계승하여 병사나 백성들의 힘에 의지할 필요가 없었고 만인이 우러러볼 인덕까지 갖추었기 때문입니다. 그가 권좌에 앉아 있는 동안에는 두 계층이 모두 그의 명령에 순종하여 미움이나 경멸을 사지 않았습니다.

하지만 페르티낙스는 군부의 의사를 무시하고 제위에 올랐습니다. 그러자 콤모두스 황제 치하에서 방종하게 살아 온 병사들은 페르티낙스가 원하는 절제하는 생활을 감당해 내지 못하고 황제를 미워하기 시작했습니다. 게다가 그는 연로했기 때문에 멸시까지 당하다, 얼마 후 살해되고 말았습니다.

우리는 여기서 선행도 악행 못지않게 사람들의 미움을 살 수 있다는 점을 유의해야 합니다. 그러므로 군주가 나라를 보전해 나가자면 때때로 본의 아닌 불의를 피할 수 없게 됩니다. 군주가 그 지위를 확보하는 데 필요하다고 생각되는 계급―평민이건 군부이건 귀족이건 간에―이 부패하면 그들의 환심을 사기 위해서는 문란한 행동을 눈감아 줘야 하기에, 이 경우 군주의 선행은 자신을 해치는 작용을 할 뿐입니다.

다음은 알렉산데르에 대하여 생각해 보겠습니다. 그는 자비심이 많은 황제로 청송할 만한 행동이 많습니다. 그는 재위 14년 동안에 정식 재판 없이는 한 번도 사람을 사형에 처하지 못하게 했습니다. 하지만 그는 나약하여 모친의 뜻대로 통치한다는 소문이 퍼지자 드디어 백성의 경멸을 받게 되었으며, 군인들이 음모를 꾸며 그를 살해하기에 이르렀습니다.

한편 이와는 달리 콤모두스, 세베루스, 안토니누스 카라칼라, 막시미누스 등의 성격을 살펴볼 때 이들은 한결같이 욕심이 많고 군부의 환심을 사기 위해서 인민들에게 어떤 피해를 입히든 개의치 않았습니다. 이들 가운데는 세베루스만 제외하고 모두가 비참한 최후를 맞았습니다. 세베루스는 매우 용감한 황제로 백성들을 탄압했지만 군부는 자신에게 우호적이도록 만들어, 나라를 다스려 나가는 데는 언제나 성공했습니다. 이는 그의 뛰어난 재능이 군부나 백성들의 눈에 위대하게 보였기 때문입니다. 백성들은 그를 두려워하면서도 찬사를 아끼지 않았고, 군인들은 그를 진심으로 존경했습니다. 새 군주인 세베루스에게는 훌륭한 점이 있었는데 위에서 말한 대로 군주라면 반드시 배워 두어야 하는 것, 즉 여우와 사자의 기질 모두를 본받아 실행했다는 점에 대하여 간단히 보여 주고자 합니다.

세베루스는 율리아누스 황제의 성격이 우유부단하다는 걸 알고, 일리리아[68]에서 자신이 지휘하던 군대에게 피살된 페르티낙스를 위한 복수라는 명목으로 로마에 침입할 것을 설득했습니다. 세베루스는 로마 황제에 대한 야심은 조금도 내색하지 않고, 로마로 진군했습니다. 세베루스가 출발했다는 보고가 로마에 닿기도 전에 그는 벌써 이탈리아에 도착했습니다. 그가 로마에 이르자 공포에 떨고 있던 원로원 의원들은 세베루스를 즉시 황제로 선출하고 율리아누스를 죽여 버렸습니다.

그 뒤 세베루스가 로마제국 전체를 쥐고 지배하는 데에는 두 가지 장애가 남아 있었습니다. 하나는 아시아에서 총사령관으로 주둔하고 있던 페스케니우스 니게르[69]가 그곳 황제로 자칭하고 있던 일이며, 다른 하나는 서부에서 알비누스[70]가 제위를 노리고 있던 일입니다. 그는 양쪽 모두를 적으로 삼아 싸우는 일은 위험하다고 생각하여, 우선 니게르를 타도하고 나서 알비누스에게 기만책을 쓰기로 했습니다.

그는 알비누스에게 서한을 보내어, 자기는 원로원 의원들에 의해

---

68 현재 크로아티아 공화국의 동부에 위치한 슬라보니아를 가리킨다.
69 193년 황제로 자칭했으나 니케아에서 패전한 뒤 194년 병사에게 살해되었다.
70 갈리아의 장군으로 194년 황세를 자처하다가 리온에서 패한 뒤 포로가 되었다가 197년 로마에서 처형되었다.

황제에 선출되었으므로 이 영광을 함께 나누기 위해 황제의 칭호를 보내며, 원로원의 결의에 따라 알비누스가 자기와 동등한 지위에 올랐다는 사실을 전했습니다. 알비누스는 이를 정말인 줄 믿었습니다. 그리하여 세베루스는 니게르를 타도하여 아시아 문제를 처리하고 나서 로마로 돌아왔고, 그 즉시 원로원에 호소하여 알비누스가 그의 은덕을 망각하고 음모를 꾸며 자기를 살해하려 한다는 주장을 했습니다. 그리고 이런 배은망덕한 자를 그냥 둘 수 없다는 이유를 내세워, 프랑스로 추격하여 그의 영토와 생명을 빼앗아 버렸습니다.

세베루스의 인품을 자세히 살펴보면, 그에게는 사나운 사자와 교활한 여우의 자질이 공존하고 있음을 알 수 있습니다. 이 때문에 그는 만인에게 두렵게 여겨지고 존경을 받으면서, 군부에게도 미움을 사지 않았습니다. 그러므로 세상 사람들은 일개 평민으로서 자수성가하여 큰 나라를 한 손에 장악하고 유지한 사실에 대하여 조금도 놀랍게 생각할 일이 아닙니다.

그것은 천하에 떨친 세베루스의 명성이 그 횡포한 약탈로 인해 백성들이 품을 수 있는 증오심을 씻어 버리고도 남음이 있었기 때문입니다. 그의 아들 안토니누스 카라칼라 역시 인민들을 경탄해 마지않게 만들었으며 군부의 환심까지 산 매우 걸출한 인물이었습니다. 그는 내핍한 생활을 기꺼이 감당하는 무관으로서 맛 좋은 음식을 멀리하고 사치를 배격했으므로 병사들은 누구나 그에게 헌신했습니다. 한편 그의 잔인함은 입에 담을 수 없을 정도였습니다. 그는 수많은 사람들의 무고한 생명을 빼앗았으며, 이로 말미암아 로마인구의 태반이 줄고 알렉산드리아의 시민은 전멸하다시피 했습니다.[71]

그리하여 그에 대한 세상 사람들의 증오심은 날로 격증했으며, 이윽고 카라칼라의 측근자들조차 그를 두려워하기 시작하더니 드디어 군대 내에서 백인대장의 손에 의해 살해되고 말았습니다. 용의주도하게 계획을 세워 단행되는 이러한 살해는 군주로서도 피할 길이 없습니다. 목숨을 건 사람이라면 누구나 군주 하나쯤은 얼마든지 해칠 수 있기 때문입니다. 그러나 이러한 암살은 매우 드문 일이므로 군주는 그다지 겁낼 필요는 없으며, 다만 국정을 보살피고 있는 측근자에게 해악을 끼치지 않도록 조심해야 합니다.

안토니누스 카라칼라는 이 점을 소홀히 하여 백인대장의 형제를 살해하는 동시에 백인대장 마저도 협박했습니다. 그러면서도 그를 호위대 대장으로 앉혀 놓았으니, 이와 같은 행동은 어리석기 짝이 없으며 또 위험천만한 일입니다. 위에서 보는 바와 같이 그는 자기 파멸을 스스로 초래하고 말았습니다.

다음은 콤모두스의 경우를 살펴보기로 하겠습니다. 그는 마르쿠스 황제의 아들로서 제위를 계승했으므로, 다만 부친의 유업을 잘 지켜

---

71 카라칼라가 저지른 포악상은 공동 통치자였던 어린 동생을 살해한 사실에서도 짐작할 수 있다.

인민과 병사들을 적당히 만족시켰다면 나라를 보전하기란 매우 쉬웠을 것입니다. 그러나 그의 성격은 잔인무도하여 인민을 희생시켜 자기 허욕을 충족하고, 그러기 위해 군부의 환심을 사려고 그들이 멋대로 하도록 방임했을 뿐 아니라, 자기 신분을 돌아보지 않고 경기장에 드나들며 검투사들과 겨루기도 했습니다. 그 밖에도 황제의 위엄을 갖고 차마 하지 못할 야비한 행동을 예사로 했으므로, 병사들의 경멸과 미움을 샀고 결국 음모에 의해 살해당했습니다.

끝으로 막시미누스의 성격에 대한 설명이 남아 있습니다. 앞에서도 언급한 바와 같이 그는 매우 호전적인 사나이로서, 우유부단한 알렉산데르 형제에게 불만을 품은 병사들이 그를 살해하고 막시미누스를 황제로 추대했지만 그의 치세도 오래 가지는 못했습니다. 두 가지 일로 증오와 멸시를 사게 되었기 때문입니다. 하나는 그가 비천한 출신으로 전에 트라키아 지방에서 양치기 노릇을 한 사실에 있으며, 또 하나는 그가 제위에 오를 때 로마에 가는 것을 꺼려 하여 지방에서 왕위를 계승했다는 사실입니다. 또 그가 로마를 비롯해 여러 지방에 사신을 파견하여 난폭한 행동을 저질렀으므로 잔인무도하다는 비난을 사게 되었습니다.

이리하여 세상 사람들은 그의 천한 태생에 대해서 경멸하는 한편, 그의 잔인함에 대하여 두려움과 증오심을 품게 되었습니다. 드디어는 아프리카에서 그에게 반기를 들었으며, 뒤이어 로마의 원로원과 백성들이 궐기하고 나중에는 이탈리아 전체가 그에게 항거했으며, 황제의 근위대까지도 여기에 가담했습니다. 그리하여 군대가 아퀼레이아를 포위했으나 이를 점령하는 데 매우 어려움을 겪으면서, 마침 그의 잔인함에 더욱 격분하게 되었습니다. 병사들은 막시미누스에게 얼마나 많은 적이 있는지를 알아차리고 그를 가차 없이 살해해 버렸습니다.

저는 멸시를 받아 마땅한 자들로 일찌감치 처단당한 엘라가발루스나 마크리누스, 율리아누스 등에 대해서는 별로 이야기하고 싶지 않습니다. 대신 저는 여기서 이 장의 결론을 내리려고 합니다.

오늘날 군주가 병사들의 요구를 만족시키는 문제는 특별히 어려운 일이 아닙니다. 물론 병사들에게 어느 정도의 자유는 인정해 줘야 하지만, 그렇다고 해도 그것이 골치 아픈 문제가 될 수는 없습니다. 왜냐하면 로마제국의 군대와는 달리 오늘날의 군주는 정복된 영토의 행정에 참여한 경험이 있는 군대를 갖고 있지 않기 때문입니다. 로마 시대에는 인민보다 군대를 만족시킬 필요가 있었으므로, 이들은 자연히 인민보다 우위에 서 있었습니다. 하지만 오늘날에는 튀르크와 술탄[72]을 제외하면 어디나 인민이 더 존중되므로 군대보다도 이들의 환심을 더 사지 않을 수 없습니다.

---

72 마키아벨리는 '술탄'을 이집트의 통치자를 뜻하는 말로 사용했다. 마키아벨리 시대에 이집트 왕은 투만베이로 당시 카이로를 점령한 튀르크 제국의 술탄 셀림 1세에게 패하여 처형되었다.

제가 튀르크를 예외로 한 이유는, 이 나라에 1만 2000명의 보병과 1만 5000명의 기병으로 이루어진 상비군이 있기 때문입니다. 국가 흥망이 오직 그들의 어깨 위에 달려 있으므로, 군주는 모든 일을 제쳐 놓고 병사들과의 유대를 긴밀히 해야만 합니다. 술탄의 왕국도 사정이 이와 비슷하여 군대가 나라의 전권을 장악하고 있으므로, 군주는 일반 백성을 도외시하고 이들과 긴밀한 관계를 확실히 해야 되는 것입니다.

그러나 술탄 왕국은 다른 나라들과는 사정이 판이하다는 데 유의해야 합니다. 이 나라는 세습 왕국도 아니고 신흥 군주국도 아니며, 대체로 기독교의 교황 제도와 비슷합니다. 이 나라에서는 전왕의 자손이 왕위를 이어받는 것이 아니라, 어떤 특권층에 의해 선출된 자가 왕위에 오르게 되어 있습니다. 이는 옛날부터 실시되어 온 제도로서 신생 군주국이 봉착하는 여러 가지 어려움이 제거되므로 신생 군주국이라고 할 수는 없습니다. 즉 주권자는 바뀌지만 국가 제도는 그대로이며, 새 주권자를 마치 세습적인 군주를 추대하듯이 맞이합니다.

여기서 우리의 문제로 돌아가려 합니다. 위에서 말한 제 견해를 이해한 사람이라면 증오나 멸시 가운데 하나가 원인이 되어 군주의 파멸이 초래되었다는 사실을 깨달았을 것입니다. 그리고 누군가 무슨 일을 꾸미면 반드시 여기에 대항하는 주모자가 나타나기 마련이며, 어느 경우에 있어서든 한 사람만이 이득을 얻어 행복을 누리고 다른 사람들은 모두 불이익을 당하게 된다는 사실도 명백한 일입니다.

그러므로 새로 제위에 오른 페르티낙스나 알렉산데르가 세습적인 계승권에 의해 군주가 된 마르쿠스를 본받은 것은 무모하고 위험한 일이라 하겠습니다. 마찬가지로 카라칼라나 콤모두스, 막시미누스가 세베루스를 모방한다면 그야말로 치명적인 일입니다. 그들은 세베루스를 따를 만한 자질을 갖고 있지 못했기 때문입니다. 따라서 신생 군주국의 새로운 군주는 구태여 마르쿠스의 행동을 본받을 필요가 없으며, 세베루스를 모방할 필요도 없습니다. 그러나 세베루스에게서는 나라의 기틀을 닦는 데 유용한 성품을 배워야 하고, 마르쿠스로부터는 기반이 확고해진 국가를 보전하고 명성을 얻는 데 필요한 자질에 대하여 배워야만 합니다.

제20장
요새 및 그 밖에 군주가 의지하는 방편들은 유용한가 손실인가

군주들은 보다 안전하게 나라를 지켜 나가기 위해 국민의 무장을
해제하기도 하고, 통치 아래 있는 여러 도시를 확보하기 위해 서로 분
열을 꾀하기도 합니다. 어떤 군주는 자신에 대한 적의를 조장하고 어
떤 군주는 자기를 지지하지 않는 자들을 구슬리려고도 합니다. 또 어
떤 군주는 성벽을 쌓아 올리기도 하고, 이를 무너뜨리는 군주도 있습
니다. 이런 여러 가지 경우에 대하여 어떤 결론을 내리자면 그 특수한
사정을 자세히 검토해야 하므로, 저는 이 문제를 되도록 일반적인 관
점에서 광범위하게 이야기하려고 합니다.

　새로 제위에 오른 군주로서 신민들의 무장을 해제한 사람은 아직
한 번도 없었습니다. 오히려 신민들이 무장하지 않은 경우에는 무기
를 제공합니다. 이렇게 무장시킨 신민은 주권자의 소유가 되고, 군주
를 신뢰하지 않던 자들도 따르게 되며, 전부터 충성을 다해 온 충신들
은 모두 군주의 편을 들게 됩니다. 신민 모두를 무장시킬 수는 없지만,

무기를 소지한 자에게 어떤 특권을 베풀어 주면 그 밖의 무리들은 더욱 손쉽게 다룰 수 있습니다.

그들은 이런 차별적인 특권을 곧잘 이해합니다. 군주의 우대를 받은 자에게는 그렇지 않은 자들보다 훨씬 더 큰 위험이 따르며 책임도 무거우므로, 후한 대접을 받는 것이 당연하다는 생각에서 군주의 처사를 양해하게 됩니다.

반대로 신민들의 무장을 해제하면 그들은 비겁해지거나 충성심이 약해지고, 군주에게서 신임을 잃은 탓이라고 생각하여 분노를 일으키며, 이윽고 증오심을 갖게 마련입니다. 그러면 군주로서는 무력이 없이 나라를 지탱할 수가 없으므로 부득이 용병을 불러들이게 되는데, 그 성격에 대해서는 위에서 이미 이야기했습니다. 아무리 훌륭한 용병이라 하더라도 군주의 강적과 반역자들을 무찌르고 군주를 보호하기에는 불충분한 존재입니다.

따라서 새로 제위에 오른 군주는 항시 신민을 무장시켜 군비를 튼튼히 갖추었습니다. 그 실례는 역사에서 얼마든지 찾아볼 수 있습니다.

그러나 군주가 새로운 영토를 병합했을 때, 자기를 도와 공을 세운 자를 제외하고는 그 신민들의 무장은 해제시켜야 합니다. 그리고 기회가 있을 때마다 백성들을 억압하여 그 세력을 약화시킬 필요가 있습니다. 그리하여 새 영토의 군대는 본국에서 군주와 함께 생사를 같이했던 병사들로 충당하여야 합니다.

우리의 조상이나 존경받았던 선현들이 늘 입에 담은 속담이 있습니다.

'피스토이아는 투쟁으로 획득하고, 피사는 요새로 보전해야 한다.'

그들은 영토를 쉽게 다스리기 위해 여러 도시에 불화와 분열을 조장했던 것입니다. 이 방법은 이탈리아가 세력균형을 유지하던 당시에는 유리했겠지만, 오늘날의 당파 싸움은 전혀 효과가 없으므로 이 속담을 거울삼으라고 권유할 수는 없습니다. 뿐만 아니라 내분이 일어나면 그 나라는 적의 침공을 받았을 때 쉽사리 정복되고 맙니다. 왜냐하면 힘이 약한 당파는 외적과 내통하고, 그 반대파는 이에 대항하여 버틸 수 없기 때문입니다.

베네치아인은 바로 그와 같은 이유에서 제후에게 속한 여러 도시에서 겔프와 기벨린[73] 두 파가 당쟁을 일으키도록 조장했습니다. 시민들은 유혈 사태까지 허용하지는 않았지만, 당쟁의 여파가 속속들이 파고들어 시민들이 분열되었으므로 베네치아에 맞서 대항할 수 없게 되었습니다. 하지만 그들이 원한 대로 되지는 않고, 특히 베네치아인들이 바일라에서 대패했을 때는 여러 도시의 몇몇 인사들이 힘을 모아 베네치아 영토 전체를 빼앗고 말았습니다.

그러므로 이와 같은 수법은 군주의 세력이 약하다는 사실을 보여줄

---

[73] 중세 이탈리아에서 겔프는 교황당, 기벨린은 황제당을 의미한다.

뿐입니다. 강력한 군주 아래서는 파쟁이 있을 수 없기 때문입니다. 분열 정책은 평화로운 시기에는 신하들을 다루는 방법으로서 적당히 구사하면 유리하지만, 비상시에는 매우 불리한 결과를 가져옵니다. 물론 군주는 온갖 고난과 반대를 헤쳐 나가는 데서 보다 위대해진다는 점에는 의문의 여지가 없습니다. 이러한 이유로 운명의 신은 새로 제위에 오른 군주—세습 군주보다 훨씬 더 큰 명성을 얻어야 하는—를 위대하게 만들기 위해 적이 공격하도록 만들고, 그 적을 이겨 적이 제공한 사다리를 타고 더 높이 오르도록 합니다. 따라서 현명한 군주는 기회가 있을 때마다 적을 만들고 이를 무찌름으로써 자기 명성을 높여야 합니다.

특히 새로 제위에 오른 군주는 그가 정권을 잡을 당시에 못미더워하던 자들이 처음부터 믿고 따르던 자들보다도 오히려 더 충성심이 강하고 쓸모가 있다는 사실을 경험하게 됩니다. 시에나의 군주 판돌포 페트루치[74]는 처음에는 그를 의심하던 자들의 도움으로 나라를 잘 다스려 나갈 수 있었습니다. 이 문제는 각각의 상황에 따라 다르기 때문에 일반적인 원칙을 세우기란 불가능하지만, 이렇게 말할 수 있습니다. 새로 제위에 오른 군주에게 적의를 품고 있던 자라 하더라도 자기의 삶을 위하여 군주의 힘을 빌려야 할 경우에는 군주에게 순종할

---

74 판돌포 페트루치(Pandolfo Petrucci)는 1500년에 양부를 죽이고 시에나의 영주가 되었다. 1503년에 추방당했으나 프랑스 왕의 중재로 2개월 뒤 다시 주권을 획득했다.

뿐만 아니라, 전에 자기가 군주에게 준 나쁜 인상을 지워 버리기 위해서는 이를 행동으로 입증해야 함을 잘 알고 있으므로 군주에게 충성을 다하지 않을 수 없습니다. 그러므로 이와 같은 사람은 군주를 섬기는 데 익숙하여 국사를 소홀히 하는 신하보다도 더 큰 도움을 주게 됩니다.

한편 내부 백성의 지지를 통해 국가를 장악한 신생 군주들은 자신들을 도운 사람들의 동기가 무엇인지 깊이 생각해 보아야 합니다. 그 이유가 새로운 군주에 대한 자연스러운 호의 때문이 아니라, 이전 정부에 대한 불만 때문이라면 그들과 좋은 관계를 유지하는 데 상당한 어려움이 따르게 됩니다. 새 군주 역시 그들을 만족시키는 일은 불가능할 것이기 때문입니다. 고대와 근래의 역사에 따른 사례를 주의 깊게 검토하면 기존 정부에 불만을 갖고 새 군주에게 호의적이었던 사람들보다, 기존 정부에 만족하여 새 군주에게 적대적이었던 사람들의 마음을 얻는 일이 훨씬 쉽다는 사실을 알게 될 것입니다.

군주가 나라를 확고히 보전하기 위해 요새를 쌓는 목적은 반역을 기도하는 자를 탄압하는 수단으로 삼으며, 또 갑작스러운 공격에 대한 안전한 피난처가 되게 하려는 데 있습니다. 이는 옛날부터 사용되어 온 방법으로 저도 별다른 이의가 없습니다.

그런데 오늘날에 와서 니콜로 비텔리는 나라를 유지하기 위해 카스텔로 시의 성 두 개를 파괴해 버렸습니다. 그리고 우르비노의 공작 귀도 우발도는 체사레 보르자에게 추방당했다가 본국에 되돌아간 다음 모든 요새들을 철저히 허물었습니다. 왜냐하면 성만 없다면 나라를 잃어버릴 우려가 없다고 생각했기 때문입니다.

벤티볼리오가 볼로냐에 돌아왔을 때에도 이와 같은 조처를 취했습니다. 요새는 이처럼 상황에 따라서 이롭기도 하고 해롭기도 합니다. 즉 한편으로는 이롭지만 다른 한편으로는 해로운 것입니다. 그 이치는 이렇게 설명할 수 있습니다. 외적의 침략보다 내분이 성할 때에는 요새를 만들어야 하지만, 내분보다 외환이 심할 경우에는 요새가 필요 없습니다. 프란체스코 스포르차가 세운 밀라노의 성은 국내의 어떤 분쟁보다도 골칫거리였고 앞으로도 말썽의 원인이 될 것입니다. 아무리 훌륭한 요새가 있어도 인민의 분노를 사게 될 경우에는 요새가 군주를 구하지 못할 뿐더러, 군주에게 궐기한 백성들을 외세가 지원하는 데 매우 편리한 구실이 되기 때문입니다.

오늘날 요새가 매우 유용한 구실을 하고 있는 예로는 포를리 백작 부인의 남편 지롤라모 백작이 살해되었을 때 그 부인이 취한 태도에서 찾아볼 수 있습니다. 부인은 이 성에 의거함으로써 백성들의 공격에서 벗어나고, 밀라노의 도움을 기다려 나라를 지켜 내었습니다. 그 무렵에는 외세가 백성들을 도와줄 수 있는 상황이 아니었기 때문입니다. 그러나 나중에 체사레 보르자가 부인을 공격했을 때 그녀를 등진 백성들이 외세와 손을 잡게 되자 요새는 그녀에게 아무 쓸모가 없게 되었습니다. 그러므로 전자나 후자의 어느 경우에 있어서도 성에 의지하기보다 백성들의 적의를 받지 않는 편이 그녀에게 훨씬 안전했을 것입니다.

저는 성을 쌓는 군주나 쌓지 않는 군주 모두에게 찬성하지만, 단지 요새만을 의지하고 백성들에게 미움받는 것을 개의치 않는 군주가 있다면 비난받아도 마땅하다고 생각합니다.

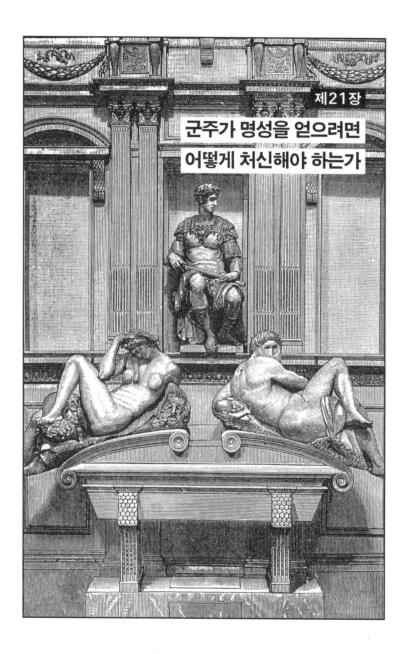

제21장

군주가 명성을 얻으려면 어떻게 처신해야 하는가

위대한 업적을 수행해 탁월한 재능을 발휘하는 일만큼 군주가 명성을 널리 떨치는 최고의 방법은 없습니다. 오늘날에는 스페인 왕 아라곤 가문의 페르난도에게서 그 예를 찾아볼 수 있습니다. 그는 연약한 군주로 제위에 올랐지만, 명성과 영광이 기독교 세계에서 제일가는 임금이 되었으므로, 신예 군주라고 해도 무방합니다.

그의 됨됨이를 잘 살펴보면 매우 위대하고 어떤 면은 유례가 없을 정도로 비범하다고까지 할 수 있습니다. 그는 제위에 오르자 곧 다른 나라를 공략했으며 이 전쟁을 발판으로 나라가 탄탄히 발전하게 되었습니다. 그는 나라가 무사태평할 때에 전쟁을 감행하여, 카스티야의 제후들은 싸움에 열중해 내정을 돌볼 겨를이 없었습니다. 그동안 페르난도는 명성을 떨치기 시작했고 곧 그들을 마음대로 지배하게 되었습니다. 그는 교회와 백성들로부터 거둬들인 자금으로 군대를 기를 수 있었으며, 오랫동안의 전쟁으로 업적을 쌓아 유명해진 군대는 규율을 더욱 엄격하게 하여 명성을 떨치게 되었습니다.

그가 엄청난 계획을 세울 때에는 항상 종교를 이용했는데, 그 예로 신앙적인 난동[75]을 일으켜 무어인들을 나라에서 추방시킨 일이 있습니다. 이같이 참혹한 비극은 역사상 보기 힘들 것입니다. 페르난도는 같은 구실로 아프리카를 침공하고, 이탈리아를 정복하고 나서 프랑스로 쳐들어갔습니다.

그는 한 가지 큰일을 치르고 나면 계속해서 다른 계획을 세우고 이를 감행함으로써 신민들의 마음이 언제나 불안과 경탄 속에 결속하고, 그가 일으킨 일의 결과에 대하여 기대를 갖게 했습니다. 그는 신하들에게 음모를 꾸밀 틈을 주지 않기 위해 전란에서 전란으로 몰고 다니면서 크게 활약했습니다.

그리고 그 공적이 널리 세상에 알려진 밀라노의 군주 베르나보 공작처럼, 내정에서 훌륭한 업적을 올리는 것이 군주로서는 매우 효과적인 일입니다. 베르나보는 무작정 비상한 일을 저지를 수 있는 기회를 재빨리 포착하여 이를 과감히 실천에 옮김으로써 찬양과 비난을 통해 자기의 소문이 세상에 널리 퍼지게 했습니다. 군주는 모든 면에서 위대하고 뛰어난 인물이라는 명성을 얻도록 노력해야 합니다.

군주가 결과를 개의치 않고 참된 친구인지 적인지를 공개적으로 선

---

75 박해를 이기지 못하고 표면상상의 가톨릭교도로 개종한 무어인을 추방한 일은 종교를 옹호하기 위한 만행이다.

언하면 존경을 받게 마련입니다. 이와 같이 자기 태도를 분명히 밝히는 것은 중립을 지키는 것보다 훨씬 유리한 일입니다. 만일 이웃의 양대 세력이 싸울 때 어느 한쪽이 승리를 거두게 되면, 군주는 그를 두려워할 수도 있고 걱정할 필요가 없을 수도 있습니다. 그 어느 경우에 있어서나 군주는 태도를 분명히 해야만 합니다. 태도를 분명히 하지 않으면 언제나 승리자의 희생물이 되는 동시에 패배자에게 기쁨과 만족을 줄 것이기 때문입니다. 뿐만 아니라 당신은 보호나 원조를 요구할 구실도 없어지고, 지지자들도 잃어버리게 됩니다. 승리자는 자기가 어려움에 처했을 때 아무 힘도 되어 주지 않은 의심스러운 자를 자기편으로 삼으려고 하지는 않을 테니 말입니다. 그리고 패자의 편에서는, 자진해서 무기를 들고 운명을 함께 나누지 않는 상대를 지지할 리가 없습니다.

안티오코스는 아이톨리아인의 초청으로 로마인을 몰아내기 위해 그리스에 쳐들어간 적이 있습니다. 그는 전부터 로마인과 가깝게 지내오던 아카이아인들에게 사신을 보내 중립을 지켜 주도록 권유했습니다. 한편 로마인들도 아카이아인들에게 무기를 들고 함께 싸워 주기를 요청했습니다. 그리하여 아카이아에서는 긴급회의를 소집하고 이 문제를 논의했는데, 이 자리에서 안티오코스의 사신은 중립을 지켜 줄 것을 권유했습니다. 그러자 로마군의 사자는 이렇게 말했습니다.

"싸움에 중립을 지키는 것이 당신 나라에 유리하다는 말은 옳지 않습니다. 중립을 취한다면 당신들은 감사의 인사 한마디 들을 수 없고 어떤 명예도 얻지 못한 채, 오직 승자의 재물이 되는 게 고작임을 알아야 합니다."

결국 우방이 아닌 군주는 중립을 요구하고, 우방은 무기를 들고 싸워 줄 것을 요청하는 법입니다. 결단력이 없는 군주는 눈앞에 닥친 재난을 피하기 위해 대체로 중립을 취하지만, 대개가 파멸을 면치 못합니다. 그러나 용기를 내어 어느 한쪽에 가담할 것을 분명히 밝히기만 하면, 도와준 쪽이 승리하고 강력해져 그들의 처분에 맡겨진다 하더라도 옛날에 진 신세를 생각해서 서로 우호적인 관계가 됩니다. 이런 경우 인간은 남의 은혜를 잊어버릴 정도로 파렴치하지 않으며, 더구나 승리했다고 해서 정의를 무시할 수 있을 만큼 완전한 것은 없습니다.

반면에 당신이 지지한 쪽이 패배했을 경우라도, 그는 자기를 도와준 군주를 후하게 대접하여 힘이 닿는 데까지 협조를 아끼지 않을 것이며 국력을 회복하고 나면 그 행운을 함께 나누려고 할 것입니다.

두 번째 경우, 전쟁 당사국들이 약해서 어느 한쪽이 승리를 거두든 당신에게 두려운 일이 아니라고 해도, 어느 한편에 가담하는 편이 훨씬 신중한 일입니다. 이는 당신의 도움으로 한 나라를 멸망시키는 일이므로 현명한 군주라면 반드시 원조할 것입니다. 그 도움이 승리를 거두는 데 결정적인 힘이 된 만큼, 당신들이 승리한다면 당신의 동맹은 고맙게 생각하며 당신에게 처분을 맡기게 될 것입니다. 그러나 주의해야 할 점은 군주가 어떤 나라를 공격할 때, 위에서 말한 부득이한 경우를 제하고는 자진해서 우세한 자와 손을 잡는 일은 삼가야 한다는 것입니다. 왜냐하면 당신의 도움으로 승리를 거두었다고 하더라도 당신은 그의 위력 아래 들어가기 때문입니다. 군주는 되도록 남의 처분에 맡겨지는 일은 최대한 피해야 합니다.

베네치아는 밀라노 공작을 상대하기 위해 프랑스와 힘을 합쳤는데, 그들은 자기들을 파멸하는 결과를 가져온 이 동맹을 맺지 않을 수도 있었습니다. 그러나 교황과 스페인이 롬바르디아를 공격하기 위해 군대를 파견했을 때 피렌체의 경우처럼, 불가피한 상황에서는 어느 한쪽에 가담해야 합니다. 그렇지만 어떤 정부도 언제나 안전한 길을 선택할 수 있다고 생각해서는 안 됩니다. 한 가지 재난을 피하면 곧이어 다른 재난이 기다리고 있게 마련입니다. 이것이 세상의 이치이므로, 차라리 하나에서 열까지 모두 불확실한 것으로 간주하고, 마음의 각오를 단단히 해야 합니다. 그렇지만 현명함이란 다양한 위험의 성질을 잘 분별해서 피해가 적은 쪽을 취하는 일입니다.

또한 군주는 공로 있는 자를 아끼고 능력에 따라 승진시키며, 자신이 유능하고 훌륭한 사람들을 존중한다는 인상을 주어야 합니다. 이와 함께 국민들을 격려하여 상업이나 농업, 그 밖의 어떤 직업에 종사하든지 마음 놓고 일에 열중할 수 있도록 해야 하며, 빼앗길까 두려운 나머지 재물을 감추거나 세금이 무서워 거래를 꺼리는 폐단이 없도록 해야 합니다. 그리고 국가나 도시의 번영을 위해 힘쓰는 사람들에게는 기꺼이 포상을 하여야 합니다.

뿐만 아니라 한 해의 적당한 시기에 축제를 베풀어 백성들을 위로해 주어야 합니다. 도시는 어디나 조합(길드)과 족벌로 나뉘어 있으므로, 군주는 이런 집단에 대한 관심을 표명하고 종종 그들의 모임에 참석하여 너그럽고 관대함을 보여야 합니다. 하지만 언제나 군주의 권위를 지키고 어떠한 경우에도 이를 추락시키는 일이 있어서는 안 됩니다.

제22장

군주의
측근 대신들

측근이나 대신을 선택하는 일은 군주에게 매우 중요한 문제입니다. 군주의 판단력에 따라서 그 측근자들은 훌륭할 수도 있고 사악할 수도 있습니다. 신하들이 유능하고 충성심이 두터우면 세상에서는 군주가 현명하다고 인정하며, 그렇지 못하면 군주는 중대한 오류를 범한 것이므로 비난을 면할 길이 없습니다. 시에나의 영주 판돌포 페트루치의 재상 베나프로의 안토니오[76] 공의 됨됨이를 아는 사람은 이 재상을 기용한 군주의 뛰어난 인품을 짐작할 수 있을 것입니다.

인간의 두뇌에는 세 가지 유형이 있습니다. 첫째 유형은 스스로의 힘으로 터득하고, 둘째는 타인이 이해한 이치를 듣고 올바로 깨우치고, 셋째는 스스로의 힘으로도 판단하지 못하고 남의 견해도 이해하지 못합니다. 첫째의 경우는 가장 우수하고, 둘째는 무난하며, 셋째는

---

[76] 시에나 대학의 교수를 지냈으며 후에 정치 외교가로서 명성을 떨쳤다. 마키아벨리는 다른 저술에서 그를 '판돌포의 심장'이라고 표현하며 그의 유능함을 밝혔다.

무능하기 짝이 없습니다. 판돌포로 말하면 첫째는 아니더라도 둘째에는 능히 속하는 인물입니다. 군주가 제삼자의 언행에 대하여 어떤 판단을 내릴 경우, 설사 자기에게는 재능이 없다고 하더라도 재상의 처사에 대해 선악과 시비를 가려 항상 선을 권장하고 악을 처벌할 수 있으므로 재상은 군주를 속이지 못하고 충성을 바치게 됩니다.

군주가 그 장관들의 능력을 헤아리는 데는 오직 한 가지 방법이 있을 뿐입니다. 만약 그가 군주의 일보다 자기 일을 앞세워 사사로운 욕심을 부린다면 결코 충신이 될 수 없으며, 따라서 신뢰할 수도 없습니다. 적어도 한 나라의 정무에 종사한다면 사리를 멀리하고 언제나 군주를 먼저 생각해야 합니다. 그리하여 군주로 하여금 국사와 관계없는 일에 한눈을 팔게 해서는 안 되는 것입니다.

한편 군주는 대신이 자신의 역할을 제대로 수행할 수 있도록 측근자들을 소중히 여기고 잘 돌봐 주며, 자비심을 베풀어 그 무거운 짐과 아울러 빛나는 영예를 함께 나눠야 합니다. 그리고 그들에게 군주와 운명을 함께 나눈다는 확신을 갖게 하여 흡족한 명예와 재물을 아울러 부여함으로써 더는 탐내지 않도록 하고, 많은 직책을 잃을까 하여 변화를 두려워하도록 해야 합니다. 그러므로 군주와 신하가 위에서 말한 바와 같은 관계가 되면 서로를 신뢰할 수 있지만, 그렇지 않으면 불행한 결과를 초래하게 됩니다.

제23장

아첨하는 신하를
어떻게 피할 것인가

군주가 신중을 기하지 않고 신하를 잘못 선택하면 큰 과오를 저지르게 된다는 점입니다. 그러면 자신을 수호하는 데 큰 장해가 되므로, 저는 이 중요한 문제를 언급하지 않고 그냥 넘어갈 수 없습니다. 이 방해물이란 요컨대 아부로서 궁중 곳곳에 퍼져 있는 일입니다.

인간은 누구나 자신이 하는 일에 상당히 자부심을 갖고 있으므로 자기기만에 쉽게 빠지는 법입니다. 그만큼 이 고질병은 뿌리가 깊으며, 아첨꾼들로부터 스스로를 보호하려는 모험은 자칫 경멸당할 위험을 수반하기도 합니다. 그러므로 군주에게 아부하는 폐단을 없애려면 신하가 당신에게 직언을 했을 때, 결코 화를 내는 일이 없다는 사실을 널리 알리는 것입니다.

그러나 군주에게 이 사람 저 사람 가릴 것 없이 저마다 직언을 하게 되면 군주는 순식간에 존경을 잃게 되므로, 현명한 군주는 제삼의 방법을 취해야 합니다. 즉 신하 가운데 현명한 자들에게만 직언할 수 있는 자유를 주되, 군주가 문의하는 일에 대해서만 직언하도록 하고 그 밖의 문제에 대해서는 일절 허용하지 말아야 합니다. 하지만 군주는 그들 모두의 의견을 자세히 경청해야 합니다. 그런 다음에는 군주 자신이 직접 결단을 내려야 합니다.

이와 같은 군주의 자문에 누구든지 거침없이 견해를 밝히면 그만큼 자신의 조언이 무겁게 받아들여진다는 사실을 인식시키고, 이들 이외의 인사들에게는 귀를 기울이지 않도록 합니다. 그리고 일단 결정된 일에 대해서는 반드시 실천에 옮겨, 군주가 결정한 일은 좀처럼 변경되지 않는다는 점도 주지시켜야 합니다. 이렇게 하지 않으면 신하들의 아부로 자멸의 길을 걷거나 상충하는 의견에 따라 이랬다저랬다 하여 백성들의 비웃음을 사게 됩니다.

이 점에 대해서 최근에 일어난 실례를 들어 보려고 합니다. 지금의 황제 막시밀리안의 신하 루카[77]는 일찍이 황제에 대하여 다음과 같이 말한 적이 있습니다.

"그는 무슨 일이든지 남에게 충고를 구하지 않았고 그렇다고 스스로 원하는 대로 결정한 적도 없었습니다."

이런 사태는 제가 앞에서 말한 바와 정반대의 방향을 걸었기 때문입니다. 그는 자기의 계획을 남에게 말하지 않았고 또 남의 의견을 묻

---

[77] 루카는 사제이자 막시밀리안 황제의 총신이었다. 1507년 마키아벨리가 막시밀리안 황제에게 사신으로 파견되었다가 루카 사제를 만나게 되었다.

는 일도 없었습니다. 그리하여 막상 실천에 옮기려고 할 때 주위 사람들이 이 사실에 이의를 제기하면, 자기의 계획을 부랴부랴 보류하고 남의 주장을 받아들였습니다. 그 결과 오늘 결정을 내린 일도 내일이면 취소하기 때문에 그 본래의 의도가 어디 있는지 종잡을 수 없어 언제나 그 결정이 신뢰받지 못하고 맙니다.

군주는 항상 좋은 의견을 받아들일 아량이 있어야 하지만 어디까지나 스스로 요청했을 때에 한하도록 하고, 다른 사람이 군주에게 요청하는 일이 있어서는 안 됩니다. 그리고 군주가 요구하지 않았는데도 신하가 멋대로 조언하도록 놔두지 말아야 합니다. 군주는 언제나 묻고 신하들의 의견을 끈기 있게 경청해야 하며, 사실대로 직언하지 않는다는 사실을 알게 되면 분노를 표해야 합니다.

어떤 군주가 총명하다는 명성을 얻었다면 그것은 어디까지나 군주의 능력에서 비롯되는 것이 아니라, 그를 보필하는 측근자의 훌륭한 조언 때문이라고 생각하는데 이는 잘못입니다. 현명하지 못한 군주는 신하의 훌륭한 조언을 좀처럼 받아들이지 못하리라는 사실은 확실한 법칙이기 때문입니다. 군주가 우연한 동기에 사려 깊은 어느 조언자에게 자기 일을 맡겼을 경우에는 적절한 조언을 구할 수는 있겠지만, 이 특별한 예외도 오래가지는 못할 것입니다. 얼마 못 가 그 조언자에게 나라를 빼앗기고 말 테니까요. 어리석은 군주가 여러 사람들의 조언을 구하게 되면 각각의 의견이 달라서 매듭을 짓기가 어려울 것입

니다. 그렇게 되면 조언자들은 모두 자기 이득을 먼저 취하려고 할 것
이며, 군주는 이를 바로잡을 수도 없게 될 것입니다.

　인간이란 올바른 길을 가도록 어떤 압력을 받지 않으면 군주에 대
해서도 언제나 불의를 저지르는 법이며, 위와 같은 측근자들도 그 실
례 중 하나입니다. 따라서 저는 훌륭한 조언은 어느 누구에게서 나오
든 언제나 군주의 판단력에 의존하며, 군주의 현명함은 훌륭한 조언
에서 비롯되는 것은 아니라는 결론을 내리려 합니다.

제24장

이탈리아의 군주들은
왜 영토를 잃었는가

위에서 말한 조언들을 신중히 이행해 나가기만 한다면 새로운 군주라 하더라도 세습되어 온 군주처럼 확고히 보일 것이며, 세습 군주보다 더 빨리 견고한 기반을 다지게 마련입니다. 신생 군주는 세습 군주의 행동보다 훨씬 많은 백성들의 주목을 끌기 때문입니다. 따라서 그가 유능한 인물로 인정되기만 하면 오랜 혈통을 지닌 세습 군주보다 백성들에게 끼치는 영향력이 더 크기 때문에, 그의 유능함이 드러나면 항상 백성들의 지지를 받게 마련입니다. 인간은 대개 지난날의 일보다 눈앞에 닥쳐온 현실에 대하여 깊은 관심을 갖게 되며, 현재의 행복을 발견하게 되면 거기에만 열중한 나머지 다른 것은 염두에 두려고 하지 않습니다. 그러므로 군주가 큰 과오를 저지르지 않는 한 백성들은 정성을 다하여 군주를 받들려고 할 것입니다. 새로운 군주가 나라를 세워 이를 강대국으로 발전시키기 위해 선정을 베푸는 동시에 군비를 강화하여 모범을 보여 주면 그 영예가 배가되지만, 세습 군주가 나라를 잃게 될 때는 반대로 불명예가 배가 됩니다.

오늘날 이탈리아에서 나라를 상실한 군주들―가령 나폴리 왕이나 밀라노 공이나 그 밖의 군주들― 을 잘 생각해 보면 이들은 다음과 같은 결점을 갖고 있었음을 알 수 있습니다. 첫째로 군사에 대하여 취약했고, 둘째로 인민을 적대시하거나 귀족에 대한 대비책을 알지 못했습니다. 만일 이들이 이와 같은 실수를 하지 않았던들 군사력을 유지할 만큼 실력을 갖춘 나라를 잃어버릴 리가 만무합니다.

마케도니아 왕 필리포스―알렉산드로스 대왕의 부친이 아니라 티투스 퀸크티우스에게 패배한 왕―는 적국인 로마나 그리스의 군주들보다 별로 나을 바가 없었지만 매우 용감했습니다. 백성들과 곧잘 손을 잡는 한편 귀족들의 환심도 살 줄 알았으므로 오랫동안 싸움을 계속하여 몇 개의 도시는 잃어버렸지만 주권을 보전할 수 있었습니다. 이런 면에서 볼 때 오랫동안 전해 오던 주권을 상실한 우리의 군주들은 자기의 불행한 운명을 한탄하기 전에 먼저 자신의 나태함을 탓해야 합니다.

그들은 앞으로 닥쳐올 수도 있는 짓궂은 운명의 변화는 염두에 두지 않았습니다(맑게 갠 날에 폭풍을 예상하지 않는 것은 인간에게 공통된 결함입니다). 그러다 일단 역경이 벌어지면 도망칠 생각에 급급하여 방어할 준비를 하지 않았고, 정복자의 학대에 진저리를 느낀 백성들이 때가 되면 자기를 불러 주리라고 기대했습니다.

다른 어떤 방법이 없는 경우라면 몰라도, 이것만 기대하며 아무 대책도 마련하지 않는 일은 역시 옳지 못합니다. 이는 누군가 일으켜 주리라고 믿고 일부러 쓰러지는 사람처럼 부당하기 짝이 없는 일입니다. 누군가 당신을 일으켜 준다고 해도 결코 안전한 방법이라고 할 수 없습니다. 자기 힘에 의존하지 않는 방법은 자신을 위험에 빠뜨리므로 전혀 쓸모가 없기 때문입니다. 자기를 믿고 자기 힘에 의지하는 방어책만이 효과적이며, 또 이 길만이 확실하고 영원한 번영을 누릴 수 있습니다.

제25장
인간사는 얼마나 많은 운에 지배되는가, 그리고 인간은 어떻게 대처해야 하는가

세상일은 모두 운명과 신의 지배를 받으며, 사람의 힘으로는 도저히 어떻게 할 수 없다고 믿는다는 것을 잘 압니다. 때문에 인간의 노력은 무의미할 뿐 아니라 모든 일은 오직 하늘에 맡겨야만 한다고 생각합니다. 더구나 지금까지 매번 겪어 왔고 또 인간의 예측을 초월한 세상의 격변을 보며 사람들은 앞으로도 그리리라는 생각이 더욱 널리 퍼져 있습니다. 저도 이 문제에 대하여 깊이 생각할수록 그런 견해로 기울어질 때가 있습니다.

　그럼에도 불구하고 우리에게 엄연히 자유의지가 있는 이상 저는 이렇게 생각합니다. 운명이란 모든 인간사의 반만 주재할 뿐이며, 나머지 반—혹 그보다 더 작은 부분일지 모릅니다—은 우리의 역량에 달려 있다고 판단합니다. 우리는 운명을 범람하는 강물에 비유할 수 있습니다. 이 격류는 한번 노하면 들로 범람하여 나무나 집을 쓸어가 버리고 이쪽의 땅을 여기저기 휘몰아 가므로 사람들은 이를 막을 도리가 없어 줄도망을 치며 그 소용돌이치는 물결의 분노 앞에 드디어 무릎을 꿇게 됩니다. 강물은 이와 같이 파괴적이기는 하지만 날씨가 일단 평온해졌을 때 제방을 쌓아 예방함으로써 다시 홍수가 일어나더라도 물줄기가 운하로 흐르게 해 강물의 사나운 위세가 멋대로 파괴 행위를 일삼지 못하게 할 수 있습니다.

운명도 이와 마찬가지입니다. 운명은 방어할 힘이 미약한 곳에서 그 위세를 떨치며, 자기를 제지하지 못할 둑이나 수문이 없는 곳으로 침범합니다. 격변의 중심지이자 발상지이기도 한 이탈리아에 눈을 돌려 잘 관찰해 보면, 그곳은 이를테면 제방도 피난처도 전혀 마련되어 있지 않은 허허벌판과 마찬가지입니다. 이탈리아가 만일 독일, 스페인, 프랑스처럼 자기 힘으로 능히 방위할 수 있었다면, 이 홍수가 커다란 변화를 가져오지 못했거나 홍수 자체가 일어났을 리가 없습니다.

이 정도면 운명에 어떻게 대항할 것인가에 대한 저의 설명은 충분하리라고 믿습니다. 그런데 좀 더 특수한 상황을 보자면 군주의 성격이나 정치적 능력에 아무런 변화가 없어 보이는데도 오늘은 흥했다가 내일은 멸망하는 경우가 있습니다. 그 이유는 제가 위에서 이미 자세히 설명한 바와 같이 군주가 운명에 완전히 의지하여 자신들의 운명이 변함에 따라서 멸망하게 되기 때문입니다. 군주는 누구나 시대의 변천에 따라 움직이면 흥하고 시대의 변천에 거역하면 망하는 법이라고 믿습니다.

인간은 누구나 자신이 지향하는 목적, 이를테면 명예나 부귀를 향해 각기 다른 길을 걷고 있습니다. 어떤 사람은 용의주도하게 그리고 어떤 사람은 과감하게, 혹자는 폭력으로 그리고 혹자는 책략을 발휘하여, 혹자는 인내심을 가지고 그리고 혹자는 성급하게 각기 다른 방법으로 목적을 달성하고 있습니다. 또 신중한 두 사람이 있다고 하더라도 한 사람은 성공을 거두고 다른 한 사람은 실패하기도 합니다. 그런가 하면 두 사람이 전혀 다른 방법으로, 다시 말하면 한 사람은 치밀하게 일을 추진하고 한 사람은 성급하게 일을 추진하여 각각 성공을 거두기도 합니다. 이와 같은 일은 그들의 방법이 상황에 맞느냐에 달려 있으며 그로 말미암아 서로 다른 방법을 취하면서 똑같은 성과를 거둘 수도 있고, 또한 같은 방법을 취해도 서로 다른 결과를 가져오는 수가 있습니다. 흥망성쇠는 여기에 기인합니다.

군주에게 치밀하고 끈기 있게 일을 처리해 나가고 시대와 환경이 이러한 방법을 요구한다면 그에게는 행운이 닥쳐올 것입니다. 그러나 시대와 환경이 달라졌는데도 이에 순응하지 않는 군주는 낡은 방식으로 일을 처리해 나감으로써 파멸하게 됩니다.

인간은 그만큼 선천적으로 타고난 성격에서 벗어나기 힘들기 때문에 세상에는 시류에 맞게 유연한 사람을 찾기가 어렵습니다. 또한 어떤 길을 꾸준히 걸어감으로써 성공을 거둔 사람은 다른 길을 택하기가 매우 어렵기 때문입니다.

그러므로 치밀한 사람이 그때그때 닥쳐오는 일에 과감히 대처해 나가야 하는 상황이 되면 어떻게 감당해야 할지 몰라 머뭇거리고, 그 동안에 때를 놓쳐 파멸을 초래하게 됩니다. 하지만 시대와 환경의 변화에 순응해 나가는 사람이라면 운은 바뀌지 않을 것입니다.

교황 율리우스 2세는 무슨 일이나 곧장 처리해 버리는 성격이었는데, 그의 조처는 모든 일이 시대와 잘 부합했기 때문에 언제나 성공을 거두었습니다. 조반니 벤티볼리오 공이 아직 살아 있을 때 교황이 볼로냐를 처음으로 침략한 사건을 살펴보면 그의 수법을 잘 알 수 있습니다.

당시 베네치아인과 스페인 왕은 이 거사를 반대했습니다. 한편 율리우스 교황은 프랑스 왕과 전쟁 계획에 대해 논의하는 중에 그 특유의 맹렬함과 용감함으로 인해 친히 원정에 나서게 되었습니다.

이러한 움직임은 스페인 왕과 베네치아 안들이 아무 결정을 하지 못한 채 머뭇거리게 만들었습니다. 스페인은 나폴리 영토를 회복하려는 생각을 갖고 있었고 베네치아는 두려워했기 때문입니다. 교황은 진작부터 프랑스가 베네치아를 억압하기 위해 자기와 손을 잡으려는 기미를 알아차렸고, 프랑스 왕은 군대의 파견을 거절하면 베네치아인들을 정복할 때 공연히 교황의 감정을 거스르게 될 것이라고 판단했기 때문입니다.

율리우스는 이와 같은 과단성으로 말미암아 다른 교황들이 온갖 지

모를 다 갖고도 할 수 없던 일을 이루고야 말았습니다. 그가 만일 다른 교황들처럼 교섭의 결과를 기다려, 모든 준비가 갖춰질 때까지 로마에서 출병을 보류했다면 결코 성공하지 못했을 것입니다. 왜냐하면 프랑스 왕은 출병을 거절할 이런저런 구실을 앞세웠을 것이며, 다른 나라들은 교황이 두려워할 이유를 내놓았을 테니 말입니다.

율리우스 교황의 다른 행동에 대해서는 언급하지 않으려 하는데, 그의 행동은 앞서 말한 이야기와 거의 비슷하고 대부분 성공을 거두었기 때문입니다. 게다가 그는 오래 살지 못했기에 운명의 변덕을 맛보지 않을 수 있었습니다. 매우 신중을 기해야 할 상황에 처했더라면 교황은 아마도 실패하고 말았을 것입니다. 그는 타고난 천성을 저버리고 다르게 행동하지 못했을 테니까요.

저는 운명은 변화하는데 인간이 자기 방식을 고집할 경우, 인간의 운명과 자기 방식이 융화되면 성공을 거두고 그렇지 못하면 실패하게 마련이라고 결론을 내리고자 합니다. 제 생각으로는 일에 신중하기보다는 차라리 과감한 편이 낫다고 봅니다. 자고로 운명은 여신이고, 당신이 이를 지배하려면 힘에 호소해야 합니다. 이 여신은 일을 신중하게 처리해 나가는 사람보다 과감한 자에게 매력을 느낄 것입니다. 운명은 여성이기에 언제나 젊은이의 편에 끌립니다. 젊은이는 덜 신중하고 열렬하여 대담하게 그녀를 제어해 나가기 때문입니다.

제26장
외적의 지배로부터
이탈리아를 해방하기 위한 호소

앞서 논의한 모든 문제를 잘 숙고해 보건대 오늘날 이탈리아에서 새 군주에게 영예를 돌려야 할 시기가 되었는지, 또 현명하고 유능한 군주가 백성들에게는 행복을 가져다주고 군주 자신에게는 영광을 부여할 기회가 확실히 보장되고 있는지에 대하여 곰곰이 생각해 봅니다. 제게는 오늘날처럼 새 군주에게 적합한 모든 조건이 갖춰진 때는 없다고 생각됩니다.

전에도 이야기한 바 있듯이 모세가 위대한 역량을 발휘하기 위해서는 이스라엘 백성들이 이집트에서 노예가 되어야 했으며, 키루스 왕의 위대한 경륜이 드러나기 위해서는 페르시아인들이 메디아의 압박을 받아야 했습니다. 또한 테세우스의 권능을 나타내기 위해서는 아테네 사람들이 여러 갈래로 분열되어 있어야 했습니다. 마찬가지로 오늘날 이탈리아는 극도의 빈궁에 빠져 헤브라이인보다도 더욱 비참한 노예가 되고, 페르시아인보다도 더 모진 압박을 받으며, 아테네인 이상으로 분열될 필요가 있습니다. 이탈리아인의 출중한 역량을 알기 위해서는 지도자도 질서도 없이 짓밟히고 약탈을 당하며, 찢기고 유린당하는 황폐함을 견뎌 내야만 하는 것입니다.

최근에 어떤 사람이 신으로부터 이탈리아의 해방을 명령받았다는 한 가닥 희망을 보여 주었지만, 불행히도 그 위대한 업적이 절정에 이를 무렵 그는 운명의 버림을 받고 말았습니다. 그리하여 이탈리아는 생기를 잃어버렸습니다. 이제 와서는 다만 그 상처를 어루만지며 롬바르디아의 약탈을 막고 나폴리 왕국이나 토스카나의 압제를 종식시키며, 그토록 오랫동안 시달림을 받아 온 고통을 제거해 줄 만한 인물이 나타나기를 얼마나 간구하고 있는지를 보십시오.

우리는 신에게 이탈리아를 외세의 야만적인 횡포에서 건져낼 수 있는 인물을 보내 주시기를 얼마나 기원했는지 모릅니다. 이제 누군가 거사만 하면 이탈리아는 즉시 그 산하에 모여들 마음의 준비를 갖추고 있습니다. 그러나 거룩한 전하의 가문[78]을 제외하고는 이 위대한 희망을 달성할 자는 아무도 없습니다. 전하는 행운과 뛰어난 역량으로서 하나님과 교회의 각별한 은총을 받고 있을 뿐더러 오늘날 교회의 수장으로 있으므로 당연히 이탈리아를 구원하는 데 앞장서실 수

---

78 메디치 가문을 가리킨다.

있습니다.

만일 전하께서 제가 앞에서 말한 바와 같은 인물들의 행적을 상기한다면 이 과업은 그다지 어려운 것이 아님을 알게 될 것입니다. 그들은 보기 드문 영웅이기는 했지만 역시 한 인간이었으며, 어느 누구도 오늘 전하와 같은 절호의 기회는 갖고 있지 않았습니다. 왜냐하면 그들의 업적은 오늘날 우리의 과업만큼 정당하지 않았으며 쉽지도 않았기 때문입니다. 그리고 하나님은 전하께 베푼 바와 같은 은총도 그들에게는 주지 않았습니다.

우리에게는 정당한 명분이 있습니다. '불가피한 전쟁은 정의로우며, 무력 이외에는 다른 희망이 없게 된 경우에는 무기 또한 신성한 것이다'[79]라는 말이 여기에 해당됩니다.

이탈리아에는 커다란 결의가 준비되어 있으며, 지금까지 제가 말한 위인들의 행위를 본받으려는 결의만 있다면 큰 어려움이 있을 수 없습니다. 뿐만 아니라 하나님의 전례 없는 기적들을 보십시오. 바다가 갈라지고 구름은 길을 인도하며 바위는 샘물을 내뿜고 하늘에서는 만나[80]가 내리고 있습니다. 이 모든 것이 전하의 위대함을 드러내고 있습니다. 이제 남은 것은 오직 전하의 행동뿐입니다. 하나님은 우리의

---

79 『티투스 리비우스의 로마사에 대한 논고』 6권.
80 이 모든 비유는 이스라엘 민족이 모세의 인도로 이집트에서 탈출하여 가나안 땅으로 가던 도중 나타난 기적을 상기시킨다. 만나는 이스라엘 민족이 광야를 헤맬 때 하나님이 날마다 하늘에서 내려 주신 음식이다.

자유의지를 빼앗거나 우리 몫의 영광을 앗아가길 원치 않으시기에, 하나님은 모든 것을 직접 하시지 않습니다.

제가 앞에서 언급한 이탈리아인들이 전하의 가문에서 성취하리라 기대되는 바를 성공하지 못했다거나 이탈리아의 수많은 혁명과 여러 차례의 전쟁으로 군사적 병력이 소멸되었다고 하더라도, 놀라운 일은 아닙니다. 낡은 제도가 부당한 데다 새로운 체계를 수립할 방법을 아는 사람이 없었기 때문입니다. 새 군주가 되어 새로운 법과 제도를 마련하는 일보다 더 큰 영광이 어디 있겠습니까? 이 제도를 확립해서 위대한 업적을 세울 때 군주는 존경과 찬사를 한 몸에 받게 됩니다.

더구나 이탈리아에는 여러 가지 형태로 모든 조건이 갖춰져 있습니다. 두뇌(지도자)에 탁월한 역량이 있다면 팔다리(이탈리아인)에도 그만한 힘이 넘칠 것입니다! 결투와 소규모의 싸움을 보면 힘과 활력과 지능에 있어 이탈리아인을 능가할 민족은 없습니다. 그런데 다만 전쟁에 관한 문제가 되면 이러한 특징이 자취를 감춰 버립니다. 그 모든 까닭은 지도자의 약함에서 비롯됩니다.

유능한 자는 상부의 명령에 순종하지 않습니다. 모두들 자기가 제일 잘났다고 생각하지만, 이제까지 능력과 행운에 의해 남을 이끌어 갈 만한 인물은 없었습니다. 그 결과 과거 20년 동안에 치른 많은 전쟁에서 이탈리아인만으로 구성된 군대가 출전하면 으레 패배했습니다. 타로의 전투가 그러하며 알렉산드리아, 카푸아, 제노바, 바일라, 볼로냐, 메스트리의 전투들이 증명하는 바입니다.

그러므로 만일 전하의 가문이 이탈리아를 구출한 저 위대한 인물들의 뒤를 따르려고 한다면 앞날에 대비해서 군사 기반을 튼튼히 길러야 합니다. 왜냐하면 그보다 충성심이 강하고 진실하고 훌륭한 군대는 없기 때문입니다. 병사 개개인이 용기 있는 군대가 군주의 직접 지휘 아래서 존중과 신임을 받으면 더욱 훌륭한 집단이 됩니다. 이탈리아의 힘으로 외국의 침략을 막으려면 우선 이런 군대가 있어야 합니다. 스위스와 스페인의 보병은 포악하기로 유명하지만 그들에게도 많은 결점이 있었으므로, 제3의 보병 형태로 곧잘 대항했을 뿐 아니라 그들보다 더 우세할 수 있었습니다. 스페인군은 기병을 당하지 못하고, 스위스군은 자신들처럼 완강하게 싸우는 보병을 두려워하기 때문입니다.

따라서 스페인군은 프랑스 기병을 견뎌 내지 못하고 스위스군은 스페인 보병에 패배하고 만다는 것을 경험해 왔고, 앞으로도 보게 될 것입니다. 후자에 대해서는 충분한 예를 들 수 없지만 라벤나 전투에서 하나의 증거를 찾아볼 수 있습니다. 이 싸움에서 스페인 보병대는 스위스와 동일한 전술을 쓴 독일군과 대결했는데, 스페인 보병이 민첩한 동작과 방어로 독일군의 창끝을 뚫고 들어가 공격하자 독일군은 속수무책이었습니다. 그때 만일 기병대의 도움이 없었다면 독일군은 전멸해 버렸을 것입니다.

우리는 여기서 스위스와 스페인 보병대의 결점을 간파하여 기병을 두려워할 필요가 없으며, 보병대와도 대항할 만한 새로운 군대를 조직할 수 있습니다. 이는 무기의 선택과 새로운 조직의 변화에 의해 가능합니다. 새 군주에게 영예를 가져다주고 그를 위대하게 만드는 일대 혁신은 바로 여기에 있습니다.

이토록 오랜 세월이 지난 후에야 비로소 구세주를 만난 이탈리아가 이 기회를 놓쳐서는 안 됩니다. 외국의 침략으로 압제를 받아 온 곳곳에서 이러한 인물이 얼마나 큰 열정으로, 얼마나 큰 복수에의 갈망으로, 얼마나 확고한 신뢰와 충성으로 큰 기대를 한 몸에 모으게 될지 나는 펜으로 이루 다 표현할 수 없습니다.

그 앞에 닫히는 문이 있겠습니까? 그에게 고개를 숙이지 않을 자가 있겠습니까? 어떤 질시가 그의 길을 가로막겠습니까? 그를 따르기를 거부하는 이탈리아인이 있겠습니까? 야만적인 폭정의 악취가 모든 사람의 코를 찌릅니다. 그러므로 유서 깊은 전하의 가문이 정의로운 과업의 수행에 따르는 용기와 희망을 갖고 이 사명을 맡아야 합니다. 그때 비로소 전하의 영도 아래 이탈리아는 숭고해지고 전하의 보호 아래 페트라르카의 말이 실현될 수 있을 것입니다.

힘은 흉포한 공격에 대항하여 무기를 들 것이다.

싸움은 곧 끝나리라.

저 옛날의 용맹이 아직 이탈리아인의 가슴에 그대로 살아 있으니.

마키아벨리의 생애와 시대적 배경

그의 안목과 기록들

니콜로 마키아벨리는 1469년 5월 3일 피렌체에서 태어났다. 그의 가계는 평범한 편이었지만 피렌체에서 남쪽으로 몇 마일 떨어진 지역의 귀족이었다는 말에는 어느 정도의 근거가 있다. 그들은 몬타페르티의 교황 파가 패배한 이후, 피렌체로부터 추방당한 사람들 중의 일부였다. 마키아벨리가의 집은 베키오 다리에서 멀지 않은 아르노의 남쪽 피렌체 지방인 올트라르노에 있었다. 마키아벨리는 오늘날의 구이치아르디니 16번지에 살았다.

사실 마키아벨리의 유년기에 대해 알려진 바는 아무것도 없다. 그는 교육을 적절히 받은 듯 보이지만 뛰어났던 것 같지는 않다. 그는 라틴어는 알았으나 그리스어는 할 줄 몰랐고 그리하여 라틴어로 번역된 그리스어 작품을 읽었다. 마키아벨리가 성년이 된 뒤의 활동은 단지 그의 뒷날 경력으로부터 추론할 수 있을 뿐인데, 그가 계속해서 문학과 역사를 공부했다는 점만큼은 분명하다. 또한 관청에서 일했던 마키아벨리의 직책은 자신의 적성을 과시하거나 아니면 권력자의 명령을 받아야 할 만큼 중요했다. 여하튼 대중 앞에 서야 하는 일이기도 했다.

니콜로 마키아벨리

1498년 80인회는 제2사무국을 맡기기 위해 시의회, 즉 피렌체 정부의 서기관 직에 네 명의 인사를 후보에 올렸는데, 마키아벨리가 그 자리에 뽑히게 되었다. 그 선출은 며칠 뒤 대의회에 의해 비준되었고, 한 달 정도 이후 마키아벨리는 같은 식으로 10인군사위원회 사무국장에 선출되었다. 이로써 그는 10인위원회의 사무국장, 제2사무국의 사무국장, 정부의 사무국장 등 다양한 직함으로 불리었다.

이러한 임명으로 마키아벨리에게 그가 봉직하는 시 내외의 사무에 대한 훌륭한 지식을 습득할 수 있는 활동 기간이 시작되었다. 그의 잦은 임무는 이탈리아의 여러 지방과 심지어는 프랑스와 독일까지 왕래하는 일이었다. 그는 피렌체 공화국의 대사라기보다 오히려 요원이었다고 볼 수 있다. 그는 정부를 위해 최선을 다했으나, 조약이 사실상 비준되었다 해도 피렌체의 일부 고위 인사들에게 그 공로를 돌리지 않을 수가 없었다.

14년간 봉직하는 동안 마키아벨리는 로마에서 북쪽 국경 지역에 이르기까지 대부분의 이탈리아를 순방했고, 스위스와 티롤을 방문했으며, 프랑스를 네 차례나 방문한 데다 블루아까지 다녀왔다. 마키아벨리는 처음 여행하는 곳에서도 그 지방의 언어를 말할 수 있었다. 그는 모든 여행에서 가능한 한 많은 것을 세밀히 관찰했다. 그의 순방은 공무로 인하여 특정 지역에 국한되었기 때문에 지식을 얻기 위해 돌아다니는 자유로운 여행이 될 수는 없었지만, 당시 어쩔 수 없이 느린 속도의 움직임은 현대의 여행자들로서는 알 수 없는 것들을 관찰할 기회를 주었다.

이런 종류의 순방에서 마키아벨리가 얻은 괄목할 만한 과업은 1502년 체사레 보르자를 만난 일이었을 것이다. 당시 체사레 보르자는 세니갈리아를 정복하는 전쟁을 수행하고 있었는데, 이때 그는 자신의 '훌륭한 기만'으로 거짓된 용병을 타도했다. 마키아벨리는 아시시, 페루자, 폴리, 세니갈리아와 그 중간 지점들을 방문하면서 체사레 보르자를 수행했다. 이는 마키아벨리가 탁월한 지도자의 행동을 관찰하는 좋은 기회였으며, 어떻게 전쟁이 수행되어져야 하는지에 대한 안목에도 영향을 미쳤다.

1506년에는 움브리아에서 전쟁 중인 다혈질의 율리우스 2세를 보필하면서 많은 것을 관찰했다. 하지만 율리우스는 보르자만큼 마키아벨리에게 영감을 주지 못했다. 마키아벨리는 이와 같은 순방 외에도 피렌체 지방을 많이 여행했다.

10인 군사위원회의 사무국장이기도 했던 마키아벨리는 물론 군 지휘권은 없었지만, 그럼에도 불구하고 군대를 모집하는 행정직을 맡았다. 1506년과 1507년의 대부분의 시간을 그는 이 직무에 헌신했다. 그러다 12월에는 신성로마제국 황제 막시밀리안 1세와 교섭하기 위해 티롤에 파견되었으며, 거기에서 돌아온 즉시 피사와의 전쟁에 종군했다. 마키아벨리는 단지 10인 위원회의 사무국장일 뿐 책임 있는 직책이라 할 수 없었으나, 그의 업무는 막중했다. 실제로 10인 위원회에서는 마키아벨리에게 '우리는 당신에게 이 사무의 모든 일을 위탁합니다'라는 공문을 보냈다. 그렇지만 당시에는 위원들이 직제상 마키아벨리의 상사였기 때문에, 그는 그들에게 보다 정중하게 대하려고 부심했다. 그러면서도 마키아벨리는 자신의 직무를 수행하는 동안 피렌체의 불필요한 관료적 형식을 폐지하는 일에 열심이었던 듯하다. 피사와의 전투에 다른 군사 위원들이 참전한 것은 사실이지만 1509년 피사의 함락이 가능했던 까닭은 온전히 마키아벨리가 노고한 결과로 여겨진다.

여러 가지 탁월한 복안 중의 하나인 시민군의 창설 계획을 실현시킨 피렌체 정부로부터 만약 마키아벨리가 신임을 받지 못했더라면, 그토록 중대한 과업을 수행할 수 없으리라는 점은 명백하다. 이러한 계획은 그의 독창적인 생각은 아니었다. 왜냐하면 그것은 마키아벨리 이전에도 피렌체 정부에 건의된 바 있었기 때문이다. 그러나 마키아벨리는 시민군 계획을 자신의 실제적인 정치적 경륜을 펼 수 있는 하나의 수단으로 만들었던 것 같다.

한편 마키아벨리가 피렌체 정부에 14년간 헌신하는 동안 자신의 저술 활동을 아주 중단한 것은 아니었다. 체사레 보르자를 수행할 때에도 그는 플루타르코스의 『영웅전』 복사를 시도했으며 또한 자신의 첫 번째 저술인 『이탈리아 10년사』를 대서사시로 저술했다. 그리고 이어 두 번째 저술을 시작했으나 탈고하지 못했다. 마키아벨리의 저작물 중 『프랑스 사정』 등은 그와 같은 자리에서는 도저히 쓸 수 없는 역작이기는 하지만, 그 밖의 다른 저술들은 그의 직무 중에 암시를 받은 것들이다.

추방 이후의 생활과 그의 공적

그 무렵 시대 상황은 급변했다. 스페인 군대가 프라토 지방을 약탈한 데 이어 다시 프라토에 진격한 다음 메디치가 피렌체에 복귀했을 때 피렌체 공화국의 제1서기관인 아드리아니처럼 아무 잘못이 없는 인도주의자는 겨우 그 직위가 지속됨으로써 실속 없는 보상을 받기는 했지만, 소데리니의 신임이 두터웠던 사람조차 공직에 남아 있지 못했다.

마키아벨리 또한 산 카스치아노에서 가까운 자신의 농장에서 그 후 몇 년간을 보내야 했다. 그곳에서 마키아벨리는—이제는 자신에게 파렴치한 배신을 했지만—자신의 공적으로 명성을 얻은 그 도시를 경멸하듯 내려다볼 수 있었다.

그는 국무를 다룰 수는 없었지만 국무에 관해 글을 쓸 수는 있었다. 그 뒤 오래지 않아 마키아벨리는 자신의 친구 베토리에게 『군주론』 저술에 손대고 있음을 말한 바 있다. 이 무렵 그는 또한 『티투스 리비우스의 로마사 첫 10권에 대한 논고』를 저술하고 있었던 것으로 보인다. 이 저술들의 골자는 다년간 마키아벨리의 마음 가운데서 자라고 있었으며, 일부는 그가 피렌체 정부에 보낸 보고서에도 나타나 있다. 그러나 그 저작의 보완과 정리는 물론 추고가 필요했었다.

그 시기 마키아벨리의 서한들을 세밀하게 살펴본다면, 그가 밤에만 연구했다는 사실을 알게 된다. 그가 농장 일에 신경을 쓴 것은 의심할 나위가 없지만, 이 편지들은 오늘날 그다지 주목받지 못하고 있다. 마키아벨리는 일찍이 궁정에 봉직하면서 파악할 수 있었던 인간의 본성을 농민들에게도 즐겨 관찰했다.

마키아벨리의 다른 작품으로는 『전술론』과, 두 편의 희극 작품 《만드라골라》 및 플라우투스의 《카시나》를 모방하여 쓴 《클리치아》, 단편소설 「결혼한 악마 벨파고르」, 서사시 〈황금 당나귀〉, 배은망덕·행운·야망·기회에 관한 풍자시 〈카피톨리〉 그리고 축제의 노래 및 짧은 시구들이 있다. 마키아벨리는 산 카스치아노에 있을 때 오르티 오리첼라리에서 문학을 공부하는 친구들과 자주 어울렸으며, 그곳을 대화체로 쓴 『전술론』의 작품 무대로 삼았다.

「우리나라 언어에 관한 연구 또는 대화」는 아마 그가 거기에서 친구들과 토론하는 가운데 얻어진 결실인 듯하다. 이 작품에서 마키아벨리는 그 언어가 피렌체어, 토스카나어, 이탈리아어 가운데 어떤 언어로 불리는 것이 가장 적절한지를 결정하기 위해 유명한 이탈리아 작가들의 언어를 연구하고 있으며, 문학 언어로서 이탈리아어와 관련이 있는 단테의 통용어를 논의하고 있다. 이 글에서 단테는 피렌체어가 문학적인 이탈리아어의 기초이며 연원임을 인정하고 있는 것으로 묘사되고 있다. 마키아벨리는 특히 단테의 라틴어 작품을 이탈리아어로 처음 번역한 트리시노에 의해서 이 문제에 관심을 갖게 되었다는 점은 의심할 나위가 없다. 전적으로 피렌체어로 쓰인 다음의 글은 마키아벨리의 「우리나라의 언어에 관한 연구 또는 대화」에 나타난 결론일 뿐만 아니라, 그의 조국애를 가장 훌륭하게 표현한 것이었다. 그 글은 다음과 같이 시작된다.

제가 태어난 도시를 찬양할 수 있을 때면, 나 자신에게 어려움과 위험이 따를지라도 저는 즐겨 조국을 찬양합니다. 왜냐하면 인간의 생활 가운데 국가에 갚아야 할 의무 이상의 큰 빚은 없기 때문이며, 또한 애당초 자신의 존재함과 그 다음으로의 행운과 환경이 그에게 부여한 모든 것에 대해 국가에 빚을 졌기 때문입니다. 그리고 이러한 의무는 자신의 조국이 가장 귀하다고 믿는 사람에게는 가장 고귀한 바입니다. 설사 그 국가로부터 해를 입었다 할지라도, 마음속으로나 행동으로 자신의 조국을 적과 같이 여기며 행동하는 사람은 아버지를 죽인 자라고 불러도 좋습니다. 어떤 이유든 간에 자기 부모에게 상해를 가했다면 이는 가공스러운 행위이며, 마찬가지로 자신의 조국을 상해하는 행위는 가장 가공스러운 일입니다.

국가가 설사 당신으로부터 공박당할 짓을 했다고 할지라도 그로 인하여 당신이 피해를 당할 리는 없는 것이며, 당신이 가지고 있는 좋은 것들은 모두가 국가로부터 나온다는 사실을 시인하지 않을 수 없기 때문입니다. 그러므로 가령 국가가 그 신민으로부터 무엇인가를 박탈했다 할지라도, 당신은 국가가 무엇을 빼앗아갔는지를 빙자하여 국가의 명예를 더럽히기보다는 오히려 국가가 당신에게 남겨 준 것들에 대하여 감사할 의무를 지고 있는 것입니다. 이러한 사실은 진실된, 아주 진실된 것이기 때문에 주제넘게 국가의 명예를 더럽히려 기획하는 자들과 싸우고 국가를 옹호할 때 나는 나 자신을 기만하지 않는다고 확신합니다.

이 말은 마키아벨리의 생활신조로 볼 수 있다. 이제까지 마키아벨리의 개인적 행위가 이 말과 일치하지 않았다고 지적한 사람은 없다. 그는 여러 면에서 피렌체로부터 피해를 입었다. 마키아벨리의 능력과 봉사가 과연 적절한 지위와 봉급으로 보상되었다고 그 자신이 생각했는지 여부는 알 길이 없다. 그러나 그는 결코 그것에 대해 불명하지 않았던 듯하다.

그는 국가를 위해 타국에 갈 때 자신이 받은 자금이 적절치 못하다고 느꼈고, 종종 돈이 없음을 밝히기도 했다. 하지만 이것은 피렌체의 사절로서 해외에서 활동할 때 표면적으로는 훌륭하게 보이지 않을 수 없다고 그가 믿었다는 데에 그 이유의 일부를 발견할 수 있다. 더구나 1513년 메디치가에 반하는 음모가 드러났을 때, 그는 투옥되어 고문까지 당했으나 이후 무죄임이 밝혀져 풀려난다. 그는 자기가 피렌체로부터 어떠한 피해를 입었는가를 잘 알고 있었다.

그가 말년에 친필로 쓴 원고에 들어 있는 짧은 산문체 작품은 「후회에 대한 권고」이다. 이는 논조가 매우 경건한 작품으로서 배은망덕함이라는 부덕不德과 자비의 덕에 관한 내용이 주를 이룬다. 이러한 사실로 미루어 보건대, 마키아벨리는 종교적인 표현을 할 수 있었고 그가 교회의 사악한 면을 공격한 까닭이 그가 개인적으로 비종교적이었다는 사실을 뜻하지는 않는다는 사실을 알 수 있다.

마키아벨리가 투옥 및 고문을 당하게 만든 반 메디치가의 적대감에도 불구하고 그는 자신의 정직을 확신했기에, 소데리니 휘하에 있었을 때처럼 메디치 정권 아래서도 자신의 확신을 추진하려는 희망을 포기하지 않았다. 마키아벨리가 메디치가의 한 사람에게 『군주론』을 헌정하려고 계획했던 점과 『군주론』의 마지막 장에서 메디치가에게 주어진 기회에 대하여 설명하고 있다는 사실이 그것을 훌륭하게 뒷받침해 주고 있다.

그러나 통치자인 그들이 마키아벨리를 못마땅하게 생각한 것은 아니었다 할지라도, 그를 신뢰하려 하지는 않았다. 이러한 사실은 1520년 연봉 1백 플로린의 봉급으로 그에게 『피렌체사』를 저술해 달라고 위탁한 것으로도 능히 알 수 있다. 이 저작은 당시 피렌체와 피사 대학교 총장인 줄리오 추기경의 허락에 의해 마키아벨리에게 위탁되었으며, 추기경이 교황 클레멘스 7세로 등극한 이후 탈고를 거쳐 그에게 헌정되었다.

마키아벨리는 1525년 교황에게 『피렌체사』를 헌정하기 위해 로마에 갔는데, 교황은 그 책을 정중하게 받고 보조금 1백 두카트를 줌으로써 그에 대한 원조를 계속했다. 하지만 마키아벨리에게 약간의 외교적 기능을 맡기려던 계획은 교황이 허락하지 않았다. 그 『피렌체사』는 메디치가 위탁한 첫 번째 책은 아니었다. 1519년 줄리오 추기경이 우르비노 대공 로렌초의 장례식에 참석하기 위해 피렌체를 방문했을 때, 그는 마키아벨리에게 피렌체 정부에 대한 조언을 부탁했고 이에 마키아벨리는 「피렌체 정부 개혁론」을 지어 교황 레오 10세에게 전달했다.

그가 활약할 또 다른 기회가 왔으니, 지난날 공화국을 위해 순회했던 바와 거의 비슷한 성질의 일이었다. 그는 1518년에는 피렌체 상인들을 위한 사업 관계로 제노바에 갔으며, 1520년에는 그와 비슷한 일로 루카에 갔다. 후자의 임무는 정부의 줄리오 추기경 지시였으나, 공적인 위탁은 점점 줄어들었다. 루카 순방의 결과 『카스트루치오 카스트라카니의 생애』라는 작품이 탄생했다.

이듬해인 1521년에는 추기경의 추천으로 프란체스코 교단총회가 열리는 카르피에 갔는데, 이때 마키아벨리의 임무는 토스카나의 자투리 땅에 살고 있는 성직자와 피렌체의 성직자들을 분리하는 일이었다. 그는 특정 성직자를 자신들의 사순절 설교자로 모시게 해 달라는 부탁을 길드로부터 받기도 했다.

마키아벨리는 1525년에는 교황 클레멘스 7세의 부탁으로 로마냐의 교황 구이치아르디니와 협의하기 위해 파견되었는데, 이때의 임무는 그가 이미 오래전에 생각한 것으로서 용병을 무장한 인민으로 대체하는 일에 대해 논의하는 것이었다. 1526년에는 피렌체 정부가 마키아벨리에게 칼 5세와의 싸움에서 사태가 어떻게 진전되는지를 알아보도록 지시했다. 마키아벨리는 곧 연맹군의 막사로 돌아왔는데, 그의 주된 임무는 구이치아르다니 교황에게 피렌체의 군사적 약점을 설명해 주는 일이었다. 마키아벨리는 교황에게 그 이상의 도움을 줄 수 있는 것이 없을까 해서 당시 로마 지역에 있는 구이치아르디니를 찾아가 활동을 계속했다.

이러한 활동 외에도 마키아벨리에게는 또 다른 중요한 과업이 부여됨으로써, 그는 다시 한 번 피렌체의 관료가 되었다. 피렌체가 공격을 받을지도 모른다는 위험이 제기되자 교황 클레멘스는 도시의 방위를 대비하지 않을 수 없었는데, 이는 그가 그 도시의 성벽에 큰 관심을 가지고 있음을 의미하는 것이다. 마키아벨리는 로마를 방문하여 교황과 함께 성벽의 문제를 의논했으며, 돌아오는 길에 건축가 나바로와 함께 성벽을 시찰했다.

1526년 5월, 5인의 성벽 시찰단이 뽑히면서 마키아벨리는 사무장에 선출되어 구매 업무를 맡았다. 그는 그 일을 열성적으로 수행하는 듯 보였지만, 교황 클레멘스 7세에게 의지하지 않을 수 없던 다른 사람들과 마찬가지로, 마키아벨리도 교황으로부터 금전적인 도움을 얻어 낼 수가 없었기 때문에 이 일은 아무런 성과도 없이 끝나고 말았다.

이어 피렌체에는 또 다른 혁명이 일어났다. 그리하여 관료로서 재임명된 지 얼마 안 된 마키아벨리는 메디치가에 동조했다는 이유로 공직에서 물러나게 되었다. 그는 재기를 위하여 오랜 세월을 다시 기다릴 필요가 없었다. 왜냐하면 혁명이 일어난 한 달 정도 뒤인 1527년 5월 22일 피렌체에서 사망했기 때문이다.

급변하던 시대 상황

15, 16세기경 이탈리아에서 강대했던 주요 세력으로는 나폴리 왕국, 교황, 피렌체, 밀라노, 베네치아를 들 수 있다. 나폴리는 이탈리아의 남쪽 지역을 장악하고 있었으나 에스파냐 왕 페르난도 5세의 지배 아래 있던 시칠리아까지 손을 뻗치진 못했다.

프랑스와 에스파냐가 그곳을 서로 자기 영토라고 주장하는 데서 숱한 정치적 이해관계가 대두되었다. 샤를 8세는 1494~1495년 사이 이탈리아 전 지역을 정복하고 나폴리로 돌아왔는데, 교황 알렉산데르 2세가 이야기한 것을 보면, 그들은 숙소를 정하는 데 쓰는 사령관의 분필과 나무 채찍 외에 다른 무기는 쓸모가 없었다고 한다. 샤를 8세가 나폴리를 떠난 뒤 에스파냐의 페르난도 5세는 프랑스인을 몰아낸 훌륭한 지휘관으로 이름을 떨친 곤살보 데 코르도바를 나폴리 왕국으로 파견했다. 그 후 페르난도 5세와 루이 12세는 나폴리를 분할 점령하기로 했다.

이것은 바로 전쟁을 발발시켰고 마침내 프랑스를 축출케 하는 계기가 됐다. 이어 나폴리는 페르난도 왕과 그의 후계자로서 에스파냐 왕 카를로스 1세와 신성로마제국의 황제를 겸했던 칼 5세의 지배 아래 계속 남아 있었다. 그 후 가장 강력한 유럽 국왕 중의 한 통치자가 남부 이탈리아에 확고한 지위를 구축했다. 교황이 라벤나를 손에 넣고 로마에서 아드리아해에 걸쳐 점차 영토를 넓힘으로써 중앙 이탈리아의 꽤 넓은 영토를 차지한 다음의 교황의 세속적인 권한은 그야말로 강대한 것이었다. 교황권의 영향력은 교황 개인의 성격에 따라 좌우되는데, 교황은 여러 도시는 물론이고 교황에 종속된 영지에 대해서는 직접적이며 강력한 권위를 행사할 수도 있고 하지 못할 수도 있었다.

로마의 북쪽에 있던 토스카나는 몇 세기에 걸친 점진적인 정복으로 영토를 넓힌 피렌체의 세력에 의해 통치되고 있었다. 토스카나는 수공업이 번창하고 상업과 은행업도 잘되는 피렌체의 중심 도시였다. 피렌체는 토스카나의 여러 도시에 힘을 불어넣고, 그 도시로 하여금 어느 특정한 지배 세력에 종속되기를 꺼려 하도록 만들었던 강렬한 독립심을 결코 소멸시킬 수 없었다. 예를 들자면, 피사는 1494년에 샤를 8세의 원조를 받아 피렌체로부터 독립했고 자신의 군대로 인해 1509년까지 자유롭게 살 수 있었으며, 시에나 역시 독립을 쟁취했다.

밀라노는 로마의 서북쪽에 있었는데, 스포르차 가문이 그 도시의 지배권을 주장하고 있었다. 한편 스포르차가는 또 다른 영토 주장자인 루이 12세에 의해 축출됨으로써 밀라노는 1523년까지 일시적으로 루도비코 스포르차와 스위스 왕국에 의해 지배되었다. 하지만 이때를 제외하고는 프랑스의 손에 움직여졌다. 그 다음 해에 그 아성 牙城은 프랑스에 의해 재탈환되었다가 1526년 다시 빼앗겼다. 밀라노 영토는 갈레아초 마리아 스포르차가 지배할 때 가장 광대했는데, 이 무렵에는 대부분의 롬바르디아와 심지어는 제노바까지도 포함되었다.

베네치아는 일찍부터 해상무역을 통하여 부유한 삶을 영위한 편인데 베네치아가 키프로스를 지배할 당시를 배경으로 한 셰익스피어의 작품《오셀로》에도 그 모습이 잘 그려져 있다. 그 무렵 이탈리아 정치에 있어서 베네치아의 영토 지배는 우월했음이 분명하다. 말하자면 베네치아는 서쪽으로 가장 멀리는 브레시아까지를 정복했으며, 이탈리아의 북쪽 지방 대부분을 장악했다. 베네치아는 르네상스 시대에 가장 널리 알려져 있었고 행정상 합리적인 정부 가운데 하나인 과두제 정부였다.

그럼에도 불구하고 용병을 써서 정복하고 그 용병에게 국가의 방위를 전담하게 한 결과, 본토 내 베네치아의 영토는 결코 튼튼할 수가 없었다. 마키아벨리는 베네치아가 800년 동안 통치했던 영토를 바일라 전쟁에서 상실한 데 대하여 말하고 있다. 그러나 이러한 패배를 경험한 베네치아는 그보다 더 비참했던 비첸차의 패배를 견뎌낼 수 있을 만큼 강대한 국가로 거듭났으며, 지금까지도 이탈리아의 정치 무대에서 중요한 자리를 차지하고 있다.

이 밖에도 어떤 지역에 전적으로 속하지 않은 지역으로서 루카, 만토바, 페라라와 같은 작은 국가들이 있었다. 이러한 정세는 매우 복잡하여 이탈리아는 다섯 개의 큰 나라와 여러 개의 작은 나라들로 분리돼 존재했다. 그런데 당시 이러한 분열은 시작에 불과했다.

이런 국가들은 이탈리아 반도 내에서 그들의 지위를 완전히 달라지게 한 이웃 국가들과 여러 면에서 긴밀한 관계를 유지하고 있었다. 스페인 왕과 신성로마제국의 황제가 된 칼 5세 치하 연합 국가의 한 제후국이던 나폴리는, 통치 범위가 남부 이탈리아로 한정되어 있는 국왕 치하의 나폴리와는 매우 상이했다.

교황은 아주 귀찮은 존재였다. 왜냐하면 교황은 성무 집행정지권으로 참기 힘든 정신적 압력을 가할 수 있었고, 모든 기독교 국가로부터 그 수입을 끌어들였기 때문이다. 뿐만 아니라 교황의 교체는 다른 지역 왕들의 정상적인 교체보다 더욱 빈번했다. 예컨대 알렉산데르 6세는 아들 체사레 보르자를 돕기 위하여 자신이 할 수 있는 일이라면 뭐든지 다했지만, 그 다음 교황인 율리우스 2세는 체사레 보르자를 완전히 적대시했다. 일반적으로 교황의 재임 기간 역시 짧았는데, 그 이유는 이미 노년에 접어든 후에야 교황 자리에 오를 수 있었기 때문이다.

반면에 칼 5세는 16세에 에스파냐의 왕이 되었고 19세에 황제가 되어 40년간 에스파냐를 통치했다. 막시밀리안 1세는 26년간 신성로마제국의 황제로 있었다. 뿐만 아니라 모든 이탈리아의 도시는 군주의 자리를 노리는 어떤 야심적인 시민이나 또는 군주를 사로잡을 수 있는 용병 사령관의 목표물이 될 수 있었다. 밀라노는 이런 식으로 스포르차 1세의 통치하에 들어갔다. 만일 그에게 군림할 수 있는 또 다른 제왕이 있을 때에는, 그는 그 권력이 자신의 군대와 자신의 결단으로 유지될 때만 권좌가 존재할 수 있다는 사실을 깨달았다. 더구나 예속된 도시국가들은 기회 있을 때마다 그들의 군주에게 반기를 들려 했다.

가령 피렌체에 병합된 아레초는 자유를 되찾기 위해 수차례에 걸쳐 반격을 시도했다. 그뿐 아니라 비록 막시밀리안 1세가 황위에 오르는 데에는 별다른 난관이 없었다고는 하지만, 신성로마제국의 황제들은 계속 이탈리아의 소유권과 정치 간섭권을 내세웠다.

마키아벨리 시대에 일어난 이탈리아의 혼란이 근본적으로 독일 황제의 농간과는 구별되는 어떤 다른 황제의 지배에 책임이 있다고 본다면, 그 혼란은 황제들이 이탈리아로부터 물러나던 때보다 더 이전 시대에서 그 원인을 찾을 수가 있다.

칼 5세 치하에서 신성로마제국 통치권과 에스파냐 왕권은 통일되었다. 그리고 그는 또한 나폴리의 통치자이기도 했다. 결과적으로 칼 5세는 이탈리아의 거의 모든 일에 간섭할 자격이 있었다. 예를 들어 1527년 교황 클레멘스 7세는 나폴리 왕국에서 신성로마제국 황제의 군대와 싸운 뒤 그들과 휴전 협정을 맺었다. 하지만 거의가 독일인으로 구성된 신성로마제국 황제의 북방군은 로마로 전격해서 그곳을 약탈했다. 스위스는 그저 북방의 이웃이라기보다는 사실상 이탈리아의 국경을 따라 살고 있으면서 이탈리아어를 사용하는 국민들을 지배하고 있는 나라였다. 그들은 대체로 유능한 용병으로서 이탈리아 역사에 기록되어 있다.

한편, 그들의 존재가 어떠했는가 하는 점은 징집 방법을 보면 부분적으로나마 알 수 있는데, 이유인즉 그들이 그 지방 정부의 명령으로 징집되면서도 급료는 중앙정부에 의해 지불되었기 때문이다. 심지어는 그들의 봉사를 필요로 하는 통치자에 의해서 직접 징집되었을 경우라도, 그들을 조직하는 일은 스위스 당국의 지휘 아래 이루어져야만 했다. 어떤 면에서 본다면 시민군으로서 그들의 자질이 특히 마키아벨리의 관심사가 되었다.

그들은 프랑스나 독일이 원하는 용병 역할이 아니라 자신의 결정으로 이탈리아에 들어올 때도 종종 있었다. 사실상 마키아벨리는 스위스인이 실질적인 이탈리아의 통치자가 되지는 않을까 염려했다. 스위스인의 애국심이 오랫동안 이상적인 것으로 생각되어져 왔고 스위스가 오랫동안 중립 정책을 취해 온 오늘에 와서 보면, 마키아벨리의 이 같은 생각은 오히려 우리에게 의아심을 갖게 한다. 그러나 마키아벨리 시대 이전이나 그 당시의 스위스 역사는 사실상 정복자의 역사라는 점을 상기하여야 한다. 스위스인들은 그들 자신이 이루어 놓은 정복을 자신의 영토로 병합하는 것이 아니라, 그 점령지를 예속시켜 세입의 원천으로 만들었다.

스위스군이 노바라에서 프랑스군을 물리치고 밀라노를 점령한 뒤, 그들이 이탈리아의 지배자가 될는지도 모른다고 마키아벨리가 기록한 사실은 깊이 생각해 볼 만한 가치가 있다. 심지어는 마리냐노 전투에서 스위스가 철저하게 패한 1515년에도 마키아벨리는 스위스인이 군인으로서 가장 훌륭할 것이라고 평가하는 전쟁 이론을 내놓을 정도였다. 그는 기병과 포병에 대해서는 낮게 평가하고 보병을 우수하게 평가했다. 스위스는 거의 포병이 없었고 기병은 약간에 불과했다. 반면에 그들은 아주 훌륭하게 훈련된 보병을 보유하고 있었는데 확실히 마키아벨리는 그들의 약점을 알았으며『전술론』에서 그 약점을 보완하는 방법을 제시했다. 하지만 스위스군이 우수하다는 그의 주장에는 약간의 편견이 가미된 듯하다.

이탈리아의 또 다른 이웃 국가로는 독일이 있었다. 독일은 1519년까지 황제 막시밀리안 1세에 의해서 통치되었으며 그 뒤로는 칼 5세에 의해 통치되었다. 막시밀리안 황제는 이탈리아의 여러 국가, 그중에서도 베네치아에 대항하여 여러 가지 대책을 세웠다. 그리고 칼 5세는 더욱더 이탈리아의 정무에 간여하려 들었다. 독일 황제의 군대는 부분적으로 스위스에서 실시했던 것과 같은 전략으로 훈련받은 훌륭한 보병으로 조직되었으며, 또한 독일의 창기병이 용병으로서 활약했다.

프랑스는 마키아벨리 시대의 이탈리아에게 막대한 영향력을 미치는 존재인 데다가 피렌체의 장관 피에로 소데리니는 프랑스와의 동맹을 확고히 믿는 신봉자였기 때문에, 마키아벨리는 특히 이 점을 주시했다. 앞에서 언급한 바와 같이 나폴리와 밀라노에 대한 프랑스의 권리 주장은 모든 이탈리아 국가들에 대해서도 실제적으로 아주 중요한 점이었다. 왜냐하면 프랑스군은 사사건건 이탈리아의 정치 무대에 개입했으며, 적어도 이탈리아의 격동기에는 빠짐없이 나타났기 때문이다. 프랑스 군대는 포병과 중무장한 기병으로 엄청난 힘을 보유하고 있었다. 프랑스 태생의 보병은 별로 보잘것없었으나, 스위스와 독일의 수많은 창기병이 프랑스에서 받는 봉급으로 정상적인 운영이 되고 있었다.

만일 에스파냐 왕들이 나폴리, 시칠리아, 사르데냐를 통치하지 않았더라면, 또 칼 5세가 독일을 다스리지 않았더라면 에스파냐는 아마 이탈리아 문제에 거의 사소한 부분 외에는 힘이 미치지 못했을지 모른다. 그렇지만 바다를 건너오면 쉽게 닿을 수 있는 가톨릭 국가 에스파냐는 언제나 이탈리아 문제에 개입했다. 교황 알렉산데르 6세는 에스파냐 출신이었다.

에스파냐 보병은 훈련이 잘되고 아주 기동성이 있어, 스위스군이나 독일군보다는 약간 나은 편이었다. 얼마간의 에스파냐 보병은 북방 민족들의 무기에 뒤지지 않는 창을 장비로써 갖추고 있었으므로, 보병이나 기병 간의 맞대결에서 승리할 수 있었다. 기민성으로 인해 선발된 또 다른 부대는 칼과 방패로 무장했다. 그들이 할 일은 창날을 피하여 그 창기병에 달라붙어 긴 무기들을 사용치 못하게 하는 것이었다. 마치아벨리가 『군주론』의 마지막 장에서 지적한 바처럼, 에스파냐의 보병은 라벤나 전투에서 워낙 수가 부족하고 그들 군대의 나머지 부대에게 따돌림까지 당했지만 거의 이러한 방법으로 승리했다. 에스파냐는 또한 화염 무기 사용을 개발하는 데 주력했다.

그 당시의 정치 및 군사적인 역사만을 주시하는 사람에게는 마치 이탈리아가 전쟁을 하기 위해 존재하는 것처럼 보일 수도 있다. 당시의 상황으로 본다면 전쟁 외에 어떤 다른 일을 할 만한 자원이나 시간적 여유가 있었을지 의문이다. 그러나 그 시대에 이탈리아가 다른 측면에서 보여 준 활약은 세계적으로 경이적인 사건 중의 하나였다.

1502년 체사레 보르자 휘하에 종군한 기술공은 바로 레오나르도 다 빈치였고, 마키아벨리가 죽은 직후 피렌체 성벽의 건축 책임을 맡은 사람은 바로 미켈란젤로였다. 그가 설계한 작품 가운데 어떤 것은 피렌체의 카사 부오나로티에 보존되어 있다. 이 두 예술가의 예에서도 볼 수 있듯이 당시 이탈리아에서 수많은 예술품이 제작되었음을 예상할 수 있다.

번창했던 예술은 회화나 조각뿐만이 아니었다. 마키아벨리 자신은 정치 활동을 하는 그 바쁜 중에서도 《만드라골라》라는 작품을 쓴 가장 훌륭한 극작가 가운데 한 명이었다. 입폴리토 데스테로부터 지시를 받고 교황 율리우스 2세에게 파견되었던 로도비코 아리오스토는 이탈리아 문예 부흥기에 있어서 가장 훌륭한 시로 인정받은 〈오를란도 퓨리오소Orlando Furioso 〉를 발간했는데, 그 작품은 곧 마키아벨리에게도 알려졌다. 아리오스토가 그 시를 쓰기 위해 추기경의 비서 역할과 교외 사무를 게을리 한 것에 대하여 추기경은 신경질을 부렸다고 전해지고 있다.

혹자는 그 당시로서 어떻게 예술 활동이 존재할 수 있었나 하고 의문을 가질지도 모른다. 볼로냐에 있는 미켈란젤로의 작품인 율리우스 2세의 동상이 쓰러져 대포를 만들기 위한 재료로 녹여지는 판국에, 어떻게 하여 이탈리아의 예술은 그 동상과 운명을 같이하지 않았는가? 이에 대한 대답은 여러 가지가 있다. 먼저 당대의 실력가들이 있었다는 점을 들 수 있다. 율리우스 2세는 전쟁을 치르느라고 기력이 쇠퇴해지기는커녕, 미켈란젤로로 하여금 걸작이 될 만한 자신의 훌륭한 무덤을 만드는 계획을 연구하게 했다. 미켈란젤로 자신은 조각술을 축성술이나 시로 바꿀 수 있는 다재다능함을 가지고 있었다.

이탈리아는 역시 부유한 나라였다. 오늘날 이탈리아를 방문하는 사람들에게 그곳의 모든 것이 비교적 궁핍하게 보인다고 하여, 그것만으로 우리는 그 시대의 이탈리아를 잘못 생각해서는 안 된다. 16세기에 이미 이탈리아에는 고달픈 농업활동이 있었다. 이탈리아에 거주하는 미국인으로서는 도저히, 견딜 수 없는 노동과 고심은 오늘날에도 수많은 이탈리아인들을 먹여살리고 있다. 1500년에는 이탈리아 농부들이 기계의 힘을 빌지 않고 손으로 농사를 지었다 해서 시대에 낙오된 것은 아니었다. 기계화된 농사방법 이전 시대의 손 도구를 알고 있는 미국인에게는 이탈리아인의 낫이나 삽의 모양이 우습게 보이겠지만, 그때까지만 해도 이탈리아에서 사용되는 그러한 농기구들은 세계의 모든 농업과 경쟁하는 데 있어서 효과적인 것이었다.

그러나 이탈리아는 역시 수공업국가였다. 즉 피렌체는 유럽 시장에 비단을 내주었다. 이탈리아인은 세계를 이어주는 중계자였다. 영국이 무역을 통해 부를 획득했듯이, 이탈리아도 베네치아와 무역을 통해 부를 얻었다. 바로 얼마 전 은행업의 중심지인 런던이 세계의 조공품을 템즈 강변의 은행으로 집결시켰듯이, 메디치가의 은행가들은 유럽의 조공품들을 아르노 강변의 은행으로 모았다. 심지어는, 계속되는 피렌체의 전쟁조차도 그 도시에 쏟아져 들어오는 부를 고갈시킬 수는 없었다. 이러한 부의 대부분은 예술적인 작업에 사용되었다. 그것은 오늘날 과학에 쏟아붓는 막대한 경비보다도 더 많은 것이었다. 부유한 사람이 자신의 돈으로 하려 하는 것 중의 하나는 예술가들을 고용하는 것이었다. 그 시대에도 여행이 있었지만, 오늘날처럼 비용이 많이 들고 목적 없이 이리저리 돌아다니는 것은 아니었다. 그 시대 사람들은 목적이 있을 때에만 여행을 했다.

그러나 이런 모든 점으로 미루어 볼 때, 본질적으로 그 당시의 전쟁은 그 이후 시대의 전쟁보다 덜 파괴적인 것이었음에 틀림없다. 파괴는 자행되었으나, 용병은 자신들이 점령한 도시의 시민들에게 특별한 원한이 없었기 때문에 비록 그들이 피정복민의 재산을 원했고, 그것을 얻는 수단에 있어서도 어떠한 양심의 가책도 없었다 할지라도, 만약 그들이 포로를 잡아 자신들이 요구하는 몸값이나 또는 노예로 판값을 차지할 수 있다면, 그들은 포로를 죽이기보다는 오히려 안전하게 살려 두는 방법을 썼다. 재물을 착취당한 도시는 또 약탈될 수 있을지 모르나, 파괴되어 버린 도시는 더 이상 약탈의 기회가 없는 것이다. 지휘관의 관심은, 체사레 보르자가 세니갈리아에서 했던 것처럼 될 수 있는 한 약탈을 방지하는 데 있었다.

그는 도시를 지배하여, 그 도시로부터 수입을 올릴 것을 원했다. 더욱이, 그 군대는 약탈자나 다름없지만, 그 수효가 비교적 적었다. 마키아벨리가 군주론에서 지적한 바와 같이 용병의 지휘관은 많은 병력을 고용하지 않았다. 샤를르 8세가 이탈리아에 이끌고 온 군대는 겨우 4만 명이었다고 한다. 한편으로 생각하면 이 정도의 숫자는 그가 목적한 바를 쉽게 성공시킬 수 있게 했는지도 모른다. 1524년에 프랑스와 1세의 군대가 이 숫자에 가까웠지만, 분명히 그 이후 군대는 그 4만이라는 숫자와 동일하지 않았다. 따라서 문예 부흥기에 있어서 이탈리아 군인의 소모현상은 오늘날 우리가 겪고 있는 거대한 시민군의 부족 현상과 같지는 않았다. 그리고 피렌체와 같은 병력의 부족 현상은 이탈리아 전역에 퍼지지 않았다. 피렌체가 적극적으로 전쟁에 참가하지 않을 때의 군사 경비는 비교적 적었으며, 이탈리아 반도의 많은 도시와 지방도 역시 그러했다. 더구나 군대의 과반수가 외국인으로 구성되어 있었다. 라벤나 전투 당시에 프랑스 측에는 프랑스인·독일인·스위스인·나바레인·이탈리아인 및 그리스인이 있었고, 에스파냐 측에는 에스파냐인·이탈리아인·시칠리아인·나폴리인·아드리아해를 건너온 그리스인·에트루리아인 및 아프리카인이 있었다고 한다.

그러한 전투에서 이탈리아인은 비교적 피해가 적었다. 그리고 아마 이탈리아인들 상호간에는 야만인들을 적대시하는 감정을 갖고 있었을 것이다. 라벤나 전투에서 페라라대공인 알폰소 소유의 대포는 그의 적들인 에스파냐 보병뿐만 아니라 그의 동맹국인 프랑스를 위하여 싸우고 있는 독일의 용병까지 물리쳤다. 왜냐하면, 그의 동맹국들의 군인들이 근접전에서 뒤섞여 버렸기 때문이다. 알폰소는 그의 부하 사수들에게 "아무나 쏘아도 괜찮다. 그들은 모두 우리의 적이다"라고 외치며 대포를 계속 쏘아 대라고 용기를 불어넣었다고 한다. 물론 그후 그는 이런 사실을 부인했다.

그러나 1565년에 지랄디 킨티오가 쓴 책의 내용에 의하면, 알폰소는 로마의 지휘관인 파브리치오 콜론나의 목숨을 살려 주었는데, 이는 '그가 항상 이탈리아 국민을 사랑했기' 때문이었다고 기록되어 있다. 파브리치오 콜론나는 자신을 공격했던 프랑스의 야만인에게 복종하느니 차라리 죽음을 택하리라 결심했지만, 끝내는 그에게 굴복했다.

이와 같이 이탈리아인들이 이탈리아의 전쟁에서 죽어가면서도 다른 많은 이탈리아인은 계속 부를 축적하는 활동에 전념하고 있었으며, 죽는 것은 외국인들뿐이었다. 전쟁속에서도 이탈리아인들이 번성할 수 있는 저력을 가지고 있었다는 사실은, 이탈리아를 약탈하는 데, 재미를 붙인 야만인들의 끊임없는 침략 대열로써도 충분히 입증된다.

마키아벨리 연보

1469년
5월 3일, 이탈리아 피렌체에서 태어났다.

1498년
(29세)
피렌체 공화국 정부의 10인 위원회의 비서가 되었다.

1499년
(30세)
군사위원에 임명되었다. 이 해에 북이탈리아에 특사로 파견되어 여왕 카테리나 스포르차를 만나보고 수호조약을 체결했다.

1500년
(31세)
프랑스에 특사로 파견되어 루이 12세를 만나보고 피렌체를 위하여 절충했다.

1502년
(33세)
체사레 보르자 등 정치 지도자들과 만나고, 피렌체를 위하여 절충했다. 이때 체사레의 언동을 유심히 관찰하고 〈군주론〉의 복안을 세웠다.

1504년
(35세)
〈10년 기〉를 저술. 풍자 희극 〈만도라고라〉가 상연되었다.

1511년
(42세)
〈독일 정세〉, 〈프랑스 정세〉를 저술. 교황 율리우스가 신성동맹을 맺고 프랑스와 싸우자, 피렌체의 특사로서 쌍방의 화해에 나섰다.

1512년 (43세)	메디치가의 음모사건으로 면직되고 투옥당했다.
1513년 (44세)	〈군주론〉 저술, 〈리비우스론〉을 집필했다.
1514년 (45세)	〈언어와 대화〉를 저술했다.
1517년 (48세)	제노바에 특사로 파견됨. 풍자시 〈황금 노새〉를 저술했다.
1519년 (50세)	〈피렌체 정부의 개혁을 논함〉, 〈전술〉 7권을 저술했다.
1520년 (51세)	룬카에 특사로 파견됨. 그곳에 머물러 있는 동안에 소설 〈카스토루쪼 가스토라카니 전〉을 저술했다.
1525년 (56세)	〈피렌체 역사〉 저술, 희곡 〈구리치아〉를 상연했다.
1527년 (58세)	6월 23일, 병으로 세상을 떠났다.